LES 4 TEMPS DE LA RENAISSANCE

Paru au Livre de Poche :

CHANGER… EN MIEUX

LES CINQ CLÉS DU COMPORTEMENT

LES QUATRE SAISONS DE LA BONNE HUMEUR

RÉVEILLEZ VOS DÉSIRS

RÉVÉLEZ VOS SUPER POUVOIRS

TOUT DÉPRIMÉ EST UN BIEN PORTANT QUI S'IGNORE

Pr MICHEL LEJOYEUX

Les 4 Temps de la renaissance

Programme complet
pour surmonter les crises

Édition enrichie et mise à jour

JC LATTÈS

ISBN : 978-2-253-23841-6 – 1re publication LGF

Sommaire

CONJUGUER LES TEMPS
ET LES ÉMOTIONS

Face à une crise, toujours imprévue et imprévisible, nous devons pour résister et renaître, à la fois improviser, nous adapter et revenir à nos défenses fondamentales. C'était déjà vrai avant la pandémie pour toutes les crises personnelles et collectives. C'est encore plus vrai après les changements de repère, d'habitude et de mode de pensée imposés par l'actualité récente. En tant que médecin, j'ai passé et je passe encore l'essentiel de ma vie professionnelle à accompagner, écouter, orienter parfois des femmes et des hommes en crise ou sortant d'une crise. Les crises les plus habituelles en dehors de la pandémie sont les accidents, les ruptures, les dates clés de la vie ayant un sens symbolique comme la trentaine, la quarantaine et toutes les autres dizaines, l'entrée dans la vie professionnelle ou dans l'âge de la retraite, les deuils, les agressions collectives ou individuelles.

À partir de ma pratique et des recherches que j'étudie ou auxquelles je participe, je me suis construit une « boîte à outils de renaissance ». C'est cette boîte à outils que je vous propose de partager en ne gardant que les explications et les expériences les plus validées médicalement et scientifiquement, les plus récentes et les plus accessibles. Le point commun de toutes ces nouvelles pratiques est qu'elles restaurent après une crise une relation apaisée aux émotions et à soi-même. Elles permettent de se reconnecter aux différents temps de son existence. Toute crise en effet trouble notre relation au temps. Nous ne savons plus où nous en sommes face à un présent inquiétant, un passé que l'on voudrait oublier et un futur menaçant. Les crises personnelles nous font perdre nos repères temporels autant que les grands bouleversements comme celui que nous a fait vivre la récente pandémie. Ce désordre du corps et de l'esprit, cette sensation de vertige est complètement normale. On y résiste et y répond en mobilisant des ressources de santé et de renaissance adaptées à chacun des temps qui a été bousculé. Il est ainsi possible, avec quelques expériences et exercices de retrouver une manière apaisée d'envisager et de vivre son passé, son présent et son futur. Vous allez apprendre avec les explications et conseils qui suivent à conjuguer vos émotions et à cultiver une nouvelle tranquillité face au passé, un nouveau calme dans l'instant présent et un optimisme raisonnable pour le futur. Enfant, vous aviez appris vos tables de conjugaison. Adulte, vous allez revisiter vos temps. Après le passage de la bourrasque émotionnelle que produit une crise, vous intégrez de nouvelles règles de santé et de bonne humeur. Nous ne visons plus autant la tranquillité ou le bonheur parfaits. Il y a de grandes chances que nous n'y croyions plus jamais. Nous passons de la recherche de l'épanouissement à l'espoir d'un minimum de calme et à une suite de petites renaissances.

À la course vers une vie parfaite d'avant la crise succède l'ambition de protéger sa santé et garder sa vie sauve. De l'espoir de la vie éternelle, nous sommes passés à la dégustation de la vie comme elle vient, tant qu'elle est encore là, aussi préservée que possible.

En s'inspirant d'Albert Camus, on pourrait dire qu'avant une crise on se croit obligé de refaire le monde. Les difficultés personnelles ou collectives nous rendent plus modestes. Nous savons que nous ne reconstruirons pas un monde parfait. Notre tâche est peut-être devenue plus grande : elle consiste à empêcher que le monde de post-crise, le monde de renaissance ne se défasse.

Pour protéger notre environnement, notre entourage et pour nous protéger nous-mêmes, les principes de santé dont nous avons besoin ne sont plus les mêmes. Nous ne pouvons pas, au milieu d'une crise personnelle ou collective, utiliser tels quels les modèles classiques de la psychologie. Les explications par l'inconscient, la pulsion de vie et de mort, le conditionnement, la réaction au traumatisme, tout cela reste juste mais plus tout à fait adapté.

Nous entrons en résistance, en renaissance et aussi dans une phase nouvelle à la fois inquiétante et stimulante tant pour la santé que la réflexion. En plus des ressources classiques de la psychologie ou de la médecine, nous sommes invités à trouver en nous, individuellement et collectivement, des idées nouvelles pour réinvestir notre quotidien.

Pour garder bien-être, bonne humeur et santé, il va nous falloir réapprendre les conjugaisons, rouvrir notre grammaire des émotions et des comportements. Nous allons découvrir une séquence de quatre temps qui font du bien ainsi que de deux temps à écarter. Commençons par les temps de la bonne santé, ceux qui permettent la renaissance, la résistance et la résilience.

Tout s'ouvre avec le **passé**. La psychanalyse nous apprend que l'enfant est le père de l'homme et que nous sommes le résultat de ce que nous avons été et de ce que nous avons vécu. La dynamique de la renaissance et de la résistance passe par le fait de trouver la position la plus confortable possible vis-à-vis de son passé. Il nous faut donc nous réapproprier le passé en général – et en particulier pour les temps de la crise. Certains vont avoir besoin de se la raconter, de la revivre, de l'expliquer tandis que d'autres préféreront l'oubli, le silence, le voile de pudeur, la tête en avant dans le guidon. Comme il n'y a pas de bonne ou de mauvaise manière de vivre son passé, il faut juste trouver celle qui nous va, comme une paire de chaussures à notre taille. Pour cela, demandons-nous si l'on préfère la renaissance par l'oubli ou par le souvenir. Si l'on a besoin de souvenirs, il n'est pas inutile de les orienter un peu, de chercher dans les mois passés ou dans les temps de crise ce qui nous donne aujourd'hui encore des raisons d'aller bien, d'être malgré tout fiers de nous. La psychologie moderne propose des expériences étonnantes pour faire la paix avec son passé, le négocier, mettre en lumière les meilleurs moments. On ne peut pas effacer simplement ses expériences mais l'esprit a la capacité de transformer ce qu'il a vécu, de le digérer comme l'estomac digère un repas. Quelle que soit la crise que l'on a traversée, il est possible de guérir de son passé et de s'apercevoir que ce qui nous a bousculés ne nous a pas brisés.

Le deuxième temps de la renaissance, qui n'est pas le plus simple, est le **présent**. Vivre le présent, s'intéresser à son corps autant qu'à son esprit est une manière de renaître. Pour continuer à vivre le présent malgré les menaces passées ou encore actuelles, il va nous falloir reconnaître nos émotions et les besoins de notre corps. La renaissance dépend de la façon dont on se réapproprie son esprit et son physique ici et maintenant, sans se croire malade en permanence ni attendre de chaque instant qu'il soit un délice absolu. Un aliment magique, un livre ou une musique peuvent aussi nous réconcilier avec un présent, si menaçant ou précaire soit-il. Les expériences de pleine conscience du présent sont dans ces moments particulièrement utiles.

Le **futur** est le troisième temps de la renaissance. Même si nous sommes revenus de l'optimisme à tous crins, même si notre futur est encore incertain, il n'est pas inutile de cultiver une dose d'anticipation positive, réaliste certes mais résolue. S'imaginer un futur acceptable, le visualiser est une manière de le faire arriver en dépit de toutes les catastrophes annoncées ou possibles. Toute prophétie porte en elle une part d'action sur l'événement qu'elle annonce. C'est particulièrement vrai des prophéties optimistes et réalistes qui augmentent notre « capital de renaissance ». Nous pouvons nous entraîner à imaginer et à mettre en image notre futur, sans nier les drames bien sûr, ni les menaces passées et celles qui sont encore devant nous. On peut aussi cultiver son côté canaille qui est un facteur de résistance pour tolérer l'incertitude du futur. Nous avons besoin, en sortie de crise comme à d'autres moments, d'ordre pour vivre et d'un peu de désordre pour revivre.

Le dernier temps de la renaissance est le **gérondif**. En grammaire, il est constitué d'un participe présent précédé de « en ». En chantant, en regardant, en écoutant, en aimant sont des gérondifs. Ils décrivent ce que l'on peut aussi appeler la pleine conscience et le lâcher-prise. Le gérondif, c'est la profonde dégustation de notre vie quotidienne, sans laisser les séquelles d'un passé envahissant ou de fausses contraintes la polluer. Vivre en gérondif suppose de vivre en lisant, en tenant un journal, en pratiquant quelques expériences de détente à mi-chemin de la relaxation et de la déconnexion de son présent inquiétant. Là encore, le plaisir du gérondif peut se découvrir et s'entraîner à partir de pratiques validées scientifiquement.

La renaissance impose aussi de renoncer à quelques temps toxiques. Ce sont ceux qui nous bloquent dans un passé traumatisant. Ils nous font passer d'une crise avec un début et une fin à une crise permanente. Le premier temps toxique est le **conditionnel**. Ruminer ce qui aurait pu arriver, ou ce que nous aurions dû faire, n'est pas bon pour la santé du corps et de l'esprit. Avec ce temps, nous conjuguons les regrets, les hésitations et tout ce qui empêche de revivre à fond le présent par une trop grande préoccupation des dangers potentiels passés ou à venir.

Le second temps toxique est l'**impératif**. En plus des impératifs indispensables à notre santé, penchons-nous sur les impératifs que nous nous imposons nous-mêmes, par angoisse ou envie de tout maîtriser. Il est plus important de faire la différence entre des impératifs justifiés médicalement et les fausses protections. L'impératif nourrit le perfectionnisme (« je dois toujours mieux faire ») et la culpabilité (« je n'aurais pas dû »), deux formes de pensée dont il est possible de se désintoxiquer.

Je fais avec vous le pari que cette grammaire des émotions et des comportements est la clé de notre renaissance et de notre capacité à être plus fort que les épreuves. Après avoir subi soit une crise soit un temps que nous ne maîtrisions pas, et même au milieu de la tourmente, nous pouvons nous réapproprier ces conjugaisons pour enfin reconquérir notre temps personnel, celui qui rend notre vie agréable et exaltante. Un certain nombre d'entre nous, celles et ceux qui étaient déjà fragiles ou malades avant une crise individuelle ou collective comme celle de l'épidémie, auront besoin d'être davantage aidés et de rencontrer un professionnel du soin. Mais pour la grande majorité, nos capacités d'adaptation et de conjugaison n'ont pas fini de nous surprendre.

AVEZ-VOUS ÉTÉ BOUSCULÉ(E)
OU DÉPRIMÉ(E) PAR LA CRISE
QUE VOUS AVEZ TRAVERSÉE ?

Les crises individuelles aussi bien que la pandémie n'ont pas, pour la plupart d'entre nous et quoi qu'annoncent certains experts en désespoir collectif, brisé notre esprit, notre bonne humeur, notre enthousiasme. Il ne faudrait pas que nous soyons condamnés en plus des dangers physiques à nous croire tous atteints de séquelles psychiques et obligés de penser, manger ou vivre comme des malades en sursis. Nous pouvons renaître en toute liberté, à notre rythme, en quatre temps. Chacun a à sa portée une **renaissance**, une reconnexion avec ses émotions et ses projets, une réinscription dans une nouvelle réalité.

QUELQUES IDÉES RASSURANTES

Avant de vous présenter quelques expériences et pratiques utiles en ces temps de crise et de post-crise, je vous rappelle des réalités plutôt rassurantes quant à notre état individuel et collectif :

Quand nous traversons une crise, nous ne la vivons pas tous de la même manière. Donc nos expériences ne peuvent pas se confondre ou se « traiter » avec les mêmes techniques.

Nous ne sommes pas tous frappés par un même syndrome post-traumatique, et nous n'avons pas besoin de renoncer à notre personnalité, nos marottes, nos caprices, nos vices, nos petits et grands plaisirs à cause d'une crise.

Nous avons tous, et c'est bien normal, envie d'oublier les crises individuelles ou collectives que nous avons connues, sans ruminer les mauvais moments, les motifs de découragement ou d'inquiétude. Nous avons aussi envie de nous imaginer un futur le plus souriant possible. C'est une réaction parfaitement adaptée. Cette envie légitime d'effacer le tableau est un indice de bonne santé. Mieux, nous avons le droit d'être aidés dans ce dépassement du passé.

Nous pouvons être assaillis par des souvenirs d'une crise récente ou par des angoisses sur le futur proche sans que cela signifie que nous avons besoin d'une thérapie compliquée.

Les plus à risque de vraies maladies de l'esprit sont celles et ceux qui souffraient depuis longtemps déjà d'un trouble caractérisé et qui avaient besoin d'être soignés pour cela. Ils devront continuer à se traiter.

Si une crise ne crée pas obligatoirement de maladies de l'esprit, elle n'en guérit pas non plus.

Michel Houellebecq avait bien expliqué la vie après le traumatisme collectif de la pandémie : « Je ne crois pas une demi-seconde aux déclarations du genre rien ne sera plus jamais comme avant. Au contraire, tout restera exactement pareil… Nous ne nous réveillerons pas, après le confinement, dans un nouveau monde ; ce sera le même, en un peu pire. » Il en sera de même pour notre esprit et notre comportement. Il risque d'être à peu près le même, avec ses inquiétudes et ses complexes d'avant. Nous n'avons pas été transformés en invalides ou handicapés ni guéris par miracle de nos humeurs moroses et de nos appréhensions. La renaissance, ou la résilience, n'est pas une transcendance. C'est juste une remise en marche de nos capacités d'adaptation à l'imprévu.

Les recherches récentes montrent ce dont on a le plus besoin pour résister aux crises. Les données scientifiques encouragent des émotions et comportements que nous oublions trop souvent. Certains de nos défauts ou aspérités sont devenus, alors qu'on ne s'y attendait pas, des forces parce qu'ils nous rendent plus résistants à une situation nouvelle. Nous avons ainsi besoin de lâcher la bride à quelques-uns de nos travers apparents qui sont en fait protecteurs :

- Un *esprit canaille et aventurier* pour tolérer l'imprévu.
- Une pointe de *pessimisme* pour ne pas se croire invulnérable à tort.
- Une tendance à la *rêverie,* à l'*oubli,* pour nous abstraire des moments les plus difficiles.
- Une certaine *nonchalance* ou *placidité* qui ne fait pas rechercher à chaque instant un bonheur ou une réussite absolus.
- Un *sens de la survie* plus que du développement personnel ou de l'épanouissement sans limites.
- Un *goût pour les situations absurdes* ou incertaines parce que ces temps le sont.

Pour cette renaissance et cette résilience qui sont à notre portée, les neurobiologistes et chercheurs sur le comportement donnent des explications et suggèrent des exercices. Notre cerveau est plastique, ses connexions et ses neurones ne cessent d'évoluer. L'une des premières confirmations de la neuroplasticité nous vient de l'University College de Londres. Elle date de bien avant les crises récentes que nous avons traversées et traversons encore. Quand un chauffeur de taxi anglais conduit plus de cinq ans à Londres, il modifie son cerveau en apprenant les 25 000 noms de rues et les milliers de sites touristiques de la capitale britannique. L'examen pour obtenir un permis de chauffeur de taxi à Londres est particulièrement sélectif avec seulement 50 % de succès. Le cerveau de ceux qui réussissent s'est donc adapté à une épreuve qui paraissait impossible. Leur hippocampe postérieur, une zone impliquée dans la mémoire et la navigation dans l'espace, s'est développé. Plus les chauffeurs travaillent dans Londres, plus leur hippocampe continue à se développer. Notre esprit est probablement aussi « plastique » que nos neurones. Face aux épreuves, nos neurones augmentent leur nombre de connexions et le cerveau fabrique de nouvelles cellules. Un travail sur son esprit modifie aussi les connexions et les émotions. Par exemple, une psychothérapie qui diminue l'angoisse pourrait diminuer les connexions entre les zones cérébrales productrices d'angoisse et celles du raisonnement. Nos capacités d'adaptation vont nous étonner, alors faisons-leur confiance et apprenons comment les activer.

Faites la différence entre une tristesse normale et une dépression

L'urgence après tout bouleversement de vie est de distinguer une réaction adaptée, défensive qui finira par passer toute seule d'une maladie dépressive à repérer et traiter. En pratique cette distinction n'est pas facile à faire. Il faut chercher pour soi ou pour les autres quelques indices qui permettent de ne pas confondre un accablement justifié et un dépassement des ressources psychiques et physiques de réaction ou résistance. Face à une crise, un changement d'habitude, une perte de sécurité, chacune et chacun d'entre nous éprouve des émotions désagréables. C'est un état normal.

Deux formes de tristesse différentes

La tristesse peut apparaître après une crise. La tristesse en réaction avec un désagrément ou un grand drame n'a rien à voir avec la tristesse d'une maladie dépressive. Tant que vous êtes fâché(e), agacé(e), en colère, remonté(e) contre tout ce que la crise vous empêche de faire, c'est que vous résistez, vous luttez. Plus inquiétant est le stade d'après où l'envie disparaît. Ce que l'on appelle l'anhédonie, c'est-à-dire la perte de plaisir et d'envie, oriente vers un état plus proche de la maladie que la simple tristesse. À ce moment vous ne souffrez plus seulement des conséquences de la crise. Vous vous repliez sur vous-même sans autre envie que d'être laissé à l'écart.

L'estime de soi indice de réaction « normale » ou de dépression

Les victimes de toute crise ou de tout traumatisme peuvent exprimer de l'agressivité. Dans le cas récent de la pandémie, elles en veulent, au choix, au virus qui perturbe le monde, à celles et ceux qui organisent la réponse aux virus, à ceux qui en font trop et à ceux qui n'en font pas assez, à toutes celles et ceux – et ils sont de plus en plus nombreux – qui ne partagent pas leur opinion. Cette agressivité agaçante parfois, est finalement saine. Elle prouve qu'on ne s'en veut pas à soi-même, que l'on garde assez de ressources pour projeter la violence à l'extérieur. On ne se fait pas de reproches parce que l'on a encore assez d'envie et d'énergie pour accuser, invectiver, râler. Plus inquiétant et plus dans le champ de la maladie est le moment où l'on s'accuse soi-même, où l'on se fait des reproches. Le sentiment de culpabilité et les regrets contre soi-même sont, avec la tristesse, le deuxième signe de la dépression.

Excès ou perte d'énergie

Traumatisé(e), agacé(e), vous avez tendance à tourner en rond, à bouillir ou à ne plus pouvoir vous contrôler. L'énergie désordonnée que vous ressentez prouve que votre vitalité n'est pas atteinte. Vous avez encore des ressources ou de la ressource. Je suis plus inquiet et plus vigilant devant celles et ceux qui se plaignent d'une perte d'énergie, d'une fatigue, de l'impression d'être vidé. Ils n'ont plus ni l'envie ni le tonus pour mettre en œuvre ce qui d'habitude leur faisait plaisir.

Le sommeil et l'appétit

Ces deux fonctions corporelles révèlent aussi le degré de souffrance ou d'abattement du corps comme de l'esprit. Une crise qui fait perdre du poids et fait perdre le sommeil est plus grave qu'un chagrin que l'on « traite » soi-même avec des chocolats et des petits plats maison. Tant que le sommeil et l'appétit vont bien, on a plus de chance d'être en bonne santé que malade de la dépression.

Quelles différences entre la réaction normale face à une crise et une possible dépression ?

	Réaction normale	Dépression
Tristesse	Par accès	Permanente, envahissante
Envie	Contrariée mais présente	Disparue
Énergie	Agitation brouillonne	Ralentissement, fatigue, perte de mouvement
Image de soi	Conservée avec reproches	Altérée, reproches à soi-même
Appétit	Augmenté par moments. Consolation par des sucreries ou d'autres plats.	Perte d'appétit. Amaigrissement.

Distinguez le stress normal de la maladie anxieuse

Pendant une crise ou juste après, il est tout à fait normal d'éprouver aussi du stress, de la tension. Cet état de malaise dans le corps et l'esprit rend parfois colérique, agressif et maintient dans un état de « qui-vive ». Stressé, on s'attend au pire sans bien savoir ce qui pourrait nous arriver. Ce stress démontre que le corps et l'esprit réagissent. Le stress vient du latin *stringere* qui veut dire tendre. Nous nous tendons face à l'adversité et nous mobilisons toutes nos ressources. Ce mécanisme de défense est aussi présent chez l'animal. Pour être prêt à se battre contre un adversaire, on respire plus vite et plus fort et on accélère le rythme de son cœur. Les maladies anxieuses qui justifient un avis ou une aide sont d'une nature bien différente du stress normal. Les maladies de l'anxiété produisent des crises d'angoisse ou de panique pendant lesquelles la peur prend le contrôle du corps et de l'esprit. Les femmes et les hommes en état de panique éprouvent brutalement :

– Une peur de mourir ou de devenir fou ;
– Du mal à respirer ;
– Des douleurs dans le ventre et la poitrine ;
– Des tremblements et des sueurs ;
– Une déconnexion d'avec la réalité.

Entre deux accès de panique, celle ou celui qui est cloué par la peur redoute la survenue d'une nouvelle attaque d'angoisse. Ces crises, une fois reconnues, peuvent être traitées par une thérapie et quelquefois des médicaments. Elles sont plus gênantes et plus toxiques pour la santé que l'adaptation angoissée normale.

Faites avec ce tableau
la différence entre les deux états :

Stress ou réaction normale	Maladie anxieuse
Angoisse flottante ou permanente	Crises d'angoisse envahissantes bloquant toute capacité de réponse
Pensée claire	Peur de devenir fou ou de perdre le contrôle de soi
Inquiétude expliquée par un événement précis	Peur d'une nouvelle crise au déclenchement imprévisible
Disparaît en quelques jours	Justifie un avis et une aide

COMMENT SORTEZ-VOUS DES CRISES ?

Chacun de nous, quand il traverse une époque ou un événement désagréable, a envie de se protéger en arrêtant d'en parler. Cette stratégie n'est pas toujours la plus absurde. Quoi qu'en pensent les obsédés de la « verbalisation à tous crins », du « il faut parler de tout et tout le temps », le silence peut être protecteur. C'est une réaction classique face à une situation difficile. Le tableau qui suit va vous permettre de savoir si le silence que vous vous imposez ou avez choisi est protecteur ou toxique.

Protection par éloignement	**Auto-aveuglement**
Je reconnais les risques et les dangers mais je n'en parle pas tout le temps	J'en arrive à nier les dangers auxquels je suis exposé(e)
Je choisis une partie de cette réaction en décidant de prendre de la distance par rapport à ce qui a été désagréable.	Je ne peux que fuir tellement la situation m'angoisse. Je n'ai pas d'autres choix.
Je reconnais mes émotions, même lorsqu'elles sont désagréables (tristesse, peur, colère)	Je suis engourdi(e) dans mon esprit et sans émotions
Je limite ma consommation d'informations sur les sujets qui me déplaisent	Toute image déplaisante m'oblige à fuir ou à fermer les yeux
Je reste à l'écoute des moyens de me protéger et de sortir d'une crise	Je n'écoute vraiment plus rien, même ce qui concerne ma sécurité

Celles et ceux qui préfèrent les questions objectives peuvent se servir du **Questionnaire général de santé**. Il a été validé aux États-Unis pour préciser la différence entre les émotions normales et les états plus proches de la maladie. Les propositions qui suivent en sont une adaptation à nos renaissances modernes.

Ces derniers temps avez-vous éprouvé	OUI	NON
1. Des difficultés à vous concentrer sur ce que vous faites ?	☐	☐
2. Des soucis vous empêchant de dormir ?	☐	☐
3. Le sentiment de ne pas jouer utile ?	☐	☐
4. Une incapacité à prendre des décisions ?	☐	☐
5. Le sentiment d'être constamment sous pression ?	☐	☐
6. L'impression que vous ne pouvez pas surmonter vos difficultés ?	☐	☐
7. Une incapacité à prendre du plaisir à vos activités quotidiennes ?	☐	☐
8. Une incapacité à faire face à vos problèmes ?	☐	☐
9. Le sentiment d'être malheureux/euse ou déprimé(e) ?	☐	☐
10. Une perte de confiance en vous ?	☐	☐
11. La pensée que vous ne valez rien ?	☐	☐
12. Le sentiment d'être relativement malheureux dans l'ensemble ?	☐	☐

Il ne serait pas juste de porter un diagnostic précis à partir d'une simple liste de questions sans l'avis d'un professionnel. Elles vous donnent seulement une orientation. Plus le nombre de propositions dans lesquelles vous vous reconnaissez augmente, plus vous vous approchez d'un état dépassant la simple réaction à la crise.

Après cet examen non pas de conscience mais de santé de l'esprit, vous pourrez aborder différemment les expériences et exercices qui suivent. Ils suffiront sans doute à vous détendre et vous faire prendre de la distance si vous être triste, accablé(e) ou stressé(e). Ils seront complétés de l'avis d'un médecin ou d'un psychothérapeute si vous avez un doute sur la présence d'une maladie anxieuse ou dépressive.

LE PASSÉ

Comment guérir de son passé

« Se souvenir de tout serait, en bien des circonstances, aussi fâcheux que de ne se souvenir de rien. »

William JAMES,
Précis de psychologie, 1892.

La majorité d'entre nous rêve de mettre le plus de distance possible avec les événements déplaisants de son passé qu'ils soient personnels, professionnels ou en relation avec la pandémie. S'il y a bien un rêve que partagent les psychologues, les psychiatres et les femmes ou les hommes qui ont traversé une crise, c'est de dissoudre le passé. Nous ne voulons plus d'explications, plus d'analyses, plus de grandes réflexions sur le sujet ; nous attendons de l'oubli, de la mise à distance, un retour à l'état d'avant. C'est vrai des crises individuelles comme de la pandémie récente. Au sujet de la pandémie, la plupart des femmes et des hommes que je rencontre, dans ma vie professionnelle ou personnelle, n'en peuvent plus d'avoir trop entendu parler de santé, de masques puis de vaccins. Certains comptent sur la psychologie ou la médecine pour obtenir un effet magique d'effacement de ces temps difficiles, comme lorsque nous effacions le tableau noir ou lorsque nous redémarrons l'ordinateur pour ouvrir une nouvelle session. Clairement, la coupe est pleine, et nous ne voulons même pas entendre que tout cela aurait été un mal pour un bien. Nous chassons d'un revers de main les arguments qui veulent nous faire croire que cette épreuve nous aurait rendus plus forts, nous aurait révélé une part de notre personnalité jusque-là inconnue. Et nous nous fâchons encore plus fort quand nous observons des indices suggérant que ce passé va continuer à contaminer notre présent et notre futur…

Rêvons un peu ensemble. Peut-être qu'un jour la médecine mettra au point le dissolvant idéal des souvenirs désagréables. Hélas il n'existe pas encore aujourd'hui. Mais pour mettre à distance un passé désagréable, nous avons des techniques efficaces. Elles en passent par des explications, des changements de croyances et de nouvelles habitudes de vie. La façon de renaître face aux crises du passé dépend de la nature de crise traversée, de sa durée et de son impact sur le corps, l'esprit, le travail ct lcs financcs.

Avant d'espérer dépasser un moment traumatique, il est indispensable de le connaître au mieux et de savoir ce qui peut nous atteindre particulièrement dans cet événement.

Les quelques questions qui suivent sont celles que posent de manière systématique les professionnels du soin et de la prévention face aux personnes traumatisées :

– La crise est-elle brutale ou durable ? Si l'on reprend l'exemple hélas trop connu et trop récent de la pandémie, nous sommes passés du besoin de s'adapter à un bouleversement à l'obligation de tenir dans la durée.
– La crise est-elle personnelle ou collective ? Résonne-t-elle avec une autre crise de notre vie ? A-t-elle produit des images et des souvenirs précis qui envahissent notre mémoire ? Peut-on lui donner un sens ? A-t-on quelque chose à se reprocher dans la survenue de la crise ou dans la manière d'y réagir ? A-t-on une marge de manœuvre sur la crise ? Et sur les moyens mis en œuvre pour y répondre ?

Certains essaient d'oublier en se taisant. Comparaison n'est pas raison, bien sûr, mais les survivants des guerres, des déportations ont fait de même. La seule chose qu'ils désiraient était de tourner la page et de passer à l'étape d'après. Je respecte, comprends et accepte ce choix, ce refus de communiquer qui n'est pas toujours consciemment choisi. Chacun de nous l'a rencontré chez un membre de sa famille ayant connu une guerre, une persécution individuelle ou collective. Le maître mot pour résister aux pogroms et discriminations a toujours été de les traverser en essayant de rester entier, d'entretenir un souvenir collectif, mais à titre personnel d'avancer sans se bloquer sur son passé.

Face à ce récent passé si exceptionnel, il m'est aussi arrivé de rencontrer des femmes et des hommes qui ne cessent d'en parler. Ils restent fascinés ou même obsédés par ce qu'ils ont subi. Ils ressassent les souvenirs, les compilent, les consultent et ne parviennent pas à trouver d'autre sujet de conversation ou de réflexion que la pandémie. Au risque de s'épuiser ou d'épuiser leur entourage, ils racontent leurs aventures épidémiques, leurs changements de vie, les dangers rencontrés. Et quand leur stock de souvenirs personnels est épuisé, ils passent aux témoignages des soignants, des victimes, des politiques... S'ils ont connu d'autres crises personnelles ou professionnelles, ils trouvent un plaisir triste à en devenir les mémorialistes.

Ces deux attitudes, la *tentation de l'oubli* et la *mise en culture du passé*, sont des réactions normales. Aucune de ces deux façons de penser n'est un indice de maladie post-crise. Elles représentent deux manières – opposées seulement en apparence – de digérer cet événement et de faire la place à d'autres émotions. L'envie d'oublier son passé ou celle de lui donner un sens ne sont pas aussi différentes qu'on pourrait le croire. La crise personnelle ou collective surprend à la manière d'un visiteur importun qui du jour au lendemain s'impose dans notre quotidien. Elle a posé ses valises et a pris toute la place, monopolisant toutes les conversations privées ou publiques. Au premier temps de la crise, nous nous sommes éclipsés et cachés devant elle jusqu'au moment où nous avons essayé de la faire partir. Demandez-vous comment vous avez traversé les crises de votre existence. Regardez comment vos proches les ont négociées, que ce soit la crise du Covid ou toute autre difficulté. Certains l'ont chassé sans ménagement, d'autres l'ont pris par la main pour le raccompagner dehors. Tentative d'oubli et besoin de reparler ou de commémorer sont deux dynamiques de l'esprit aussi respectables et aussi saines l'une que l'autre. Elles permettent de choisir, consciemment ou pas, la place que nous donnons au passé pour s'en sortir ou le *dé*-passer.

Deux relations au passé

Envie d'oubli	**Envie de souvenirs**
Déni	Rappel des événements
Rêve de retour à l'état d'avant la crise	Commémoration
	Commentaire

Entre l'oubli et la permanence du passé, l'écrivain français André Gide avait au siècle dernier trouvé une image et une explication étonnamment actuelles : le *palimpseste*. À l'époque où l'on écrivait sur des parchemins, il était habituel de gratter un ancien parchemin pour écrire un nouveau texte. La technique du palimpseste économisait les peaux anciennes. Les copistes grattaient le parchemin déjà utilisé, essayaient de l'effacer du mieux possible pour y inscrire un nouveau texte. Les copistes produisaient un objet hybride avec un écrit moderne sous lequel continuait à exister, plus ou moins bien caché, un texte antérieur. Ces détournements du passé passionnent encore les historiens. Ils ont retrouvé un texte d'Archimède sous un livre de prières et un autre de Cicéron recouvert par des psaumes de saint Augustin. André Gide estimait que sa vie, mêlant des traces de passé et de présent, ressemblait à un vieux parchemin en train d'être recouvert de nouvelles histoires : « Je me comparais aux palimpsestes ; je goûtais la joie du savant, qui, sous les écritures plus récentes, découvre sur un même papier un texte très ancien infiniment plus précieux. » Depuis l'épidémie, modèle extrême de crise collective, une part de nos vies risque de ressembler à des palimpsestes avec des souvenirs grattés à moitié et des histoires nouvelles que nous ajoutons sans complètement masquer la première écriture. Nos pages blanches sont remplacées par des feuilles désencrées, un peu tachées mais encore utilisables à condition d'écrire clairement et en appuyant fort. Je propose souvent en consultation l'image du palimpseste. Elle aide à accepter que la renaissance ne parte pas du vide. Le passé reste visible mais rien ne nous empêche d'essayer de l'effacer pour continuer à écrire.

LA MODESTIE S'IMPOSE FACE AU PASSÉ

Que l'on soit partisan de l'oubli ou de l'utilisation du passé pour avancer, l'essentiel est de rester modeste. Après le temps de la grande épidémie comme après un accident personnel ou professionnel, il ne faudrait pas subir la dictature de grands principes déconnectés du réel. Il est absurde d'imaginer que le passé pandémique nous a définitivement brisés. Il l'est tout autant de croire que nous sortirons transformés du tout au tout de cette période. Dans son livre *Thérapie existentielle*, le psychiatre et psychothérapeute Irvin D. Yalom nous explique bien comment réfléchir avec modestie. Il est dangereux d'espérer une formule magique qui nous fera oublier le passé ou vivre une révolution personnelle grâce à la pandémie. Plutôt qu'une grande Renaissance, visons quelques modestes expériences de renaissance, de résilience. L'image des petits pas me paraît être la bonne pour expliquer comment prendre ses distances avec le passé de l'épidémie. Nous allons nous en éloigner comme on monte ou descend un escalier, marche après marche, sans espérer un grand saut d'un passé traumatisant vers un futur idéal. Irvin Yalom illustre joliment l'idée en appliquant les leçons de la cuisine à la psychologie et à la renaissance.

Plutôt des petites épices que des grands principes

Avec quelques amis, Yalom s'était inscrit à un cours de cuisine arménienne. Les leçons étaient données par une cuisinière expérimentée mais qui ne parlait pas l'anglais – et Irvin Yalom ne parlait pas l'arménien. Hélas, les plats de ses élèves n'avaient jamais autant de goût que les siens. Irvin Yalom s'est longtemps demandé « Qu'est-ce qui donne à sa cuisine, à son agneau aux aubergines, cette touche spéciale ? », jusqu'à ce qu'il trouve la réponse. La cuisinière saupoudrait sur ses salades et autres spécialités, sans vraiment s'en apercevoir ni le dire, quelques pincées d'épices ou de condiments. Ces saupoudrages furtifs font toute la différence entre une bonne et une exceptionnelle recette. C'est pareil pour la santé du corps et de l'esprit. Il faut certes des ingrédients essentiels, des théories, des définitions. Mais, en plus de l'activité méthodique aux étapes balisées, nous avons aussi besoin de quelques épices. Les exemples qui suivent relèvent plus des épices que des grands principes. Tout thérapeute, dans sa cuisine ou son exercice quotidien, saupoudre des petits plus qui changent tout. Les secrets de cuisine existent bel et bien à la marge de la thérapie formelle et ils ne sont ni documentés ni enseignés systématiquement. Souvent les thérapeutes eux-mêmes n'en ont pas conscience. Même si les petits pas et les petites épices apportent moins de gloire, ils sont bien plus adaptés à la situation actuelle.

Mes épices préférées
pour faire passer les temps de crise

Essayer de faire sourire d'un sujet grave.
Faire douter d'une certitude angoissante.
Conseiller une lecture hors du champ « psy » plutôt qu'un traitement classique.
Poser une question sur les passions du passé plutôt que sur les motifs actuels et à venir de stress.
Demander à quelqu'un ce qui le fait rire et pas seulement ce qui le rend triste.
Inciter à détendre ses muscles et se relaxer avant de parler de soi.
Faire alterner travail sur l'esprit et activité physique ou sportive.
Suggérer un thé ou un café en pleine conscience avant chaque réflexion sur ses émotions anciennes et actuelles.

Les psychologues et psychiatres ont longtemps fondé leur prestige sur leur *capacité à éclairer et expliquer le passé.* Les plus renommés trouvent, ou inventent au besoin, des explications issues du passé à nos émotions et comportements présents. Quand un psychiatre apparaît dans un film, il expertise et justifie ce qui se passe au nom du passé. Si c'est un film policier, pas de doute, le crime est le résultat direct d'un traumatisme passé, conscient ou inconscient. Dans la vie quotidienne aussi, les explications par le passé sont rassurantes. Même si nous les trouvons parfois fausses ou invérifiables, nous nous y accrochons. Elles apportent un peu de raison apparente à des événements absurdes ou imprévisibles. C'est parce qu'hier j'ai beaucoup couru qu'aujourd'hui je me sens fatigué. C'est parce que je revis quelque chose d'ancien qu'aujourd'hui j'éprouve une émotion agréable ou désagréable. C'est en souvenir d'une histoire familiale que j'aime ou je n'aime pas… une voisine, la musique classique ou la mousse au chocolat.

Quand on espère expliquer par le passé, on fait feu de tout bois. Pourtant la crise récente que nous avons connue et que nous connaissons encore est trop complexe et inédite pour ces analyses classiques. La boîte à outils des causalités habituelles entre passé et présent ne sert plus à grand-chose. Bien malin celui qui trouverait dans le passé une explication à l'étonnante évolution de l'époque. La psychologie de la renaissance, même en temps de crise, ne peut pas être un simple éclairage du présent par un passé individuel ou collectif. Une fois encore, la renaissance a davantage besoin de modestie que de certitudes ou d'explications générales.

Une autre raison de demeurer modeste face à la crise tient au fait qu'*aucun d'entre nous n'a vécu de la même manière son passé de pandémie*. Nous ne savons pas non plus comment nous allons continuer à la vivre. Il n'existe pas de psychologie collective crédible avec le même traumatisme pour tout le monde, les mêmes analyses et les mêmes traitements. Plus une situation est partagée par un grand nombre de personnes, plus les points de vue et les expériences sont multiples. D'un pays à l'autre, d'une région à une autre, le passé de la pandémie est différent. Les évolutions et les perspectives changent autant que la manière que nous avons de les envisager. Vous en doutez ? Prenons un exemple plus tranquille et plus amusant que l'actualité récente.

En sortant d'un cinéma, vous commentez avec des amis le film que vous venez de voir. Très vite, la discussion s'anime ou se tend, selon le type de relation que vous entretenez avec vos amis. Certains ont été émus par l'histoire, d'autres par le jeu d'un acteur et les derniers se sont intéressés au sujet de fond posé par le film. Au bout de quelques minutes, l'évidence est là : tout le monde a vu le même film, mais chacun en a gardé des impressions et des souvenirs différents. Vous découvrez, en souriant ou en vous énervant, une des observations de base de la psychologie : les expériences sont individuelles quels que soient les événements traversés. C'est encore plus vrai pour une crise aussi bouleversante que l'épidémie.

Si nous commençons à partager nos souvenirs, nous pouvons mesurer à quel point les traumatismes des villes n'ont que peu à voir avec ceux des champs et combien les menaces pesant sur les adolescents, psychologiques, scolaires et économiques sont différentes des inquiétudes des seniors. Une catastrophe mondiale ne peut donc pas se résumer en un seul souvenir. Une jeune femme anesthésiste après une garde épuisante l'a raconté avec ses mots : « C'est comme si on avait été frappé par une énorme météorite et que chacun ait reçu un éclat de pierre différent. » C'était vrai pour les patients qu'elle réanimait. C'est aussi vrai pour nos mémoires chamboulées. Une crise personnelle ne peut pas plus se résumer ou s'expliquer en quelques mots.

Les souvenirs les plus partagés depuis la pandémie

Tu te souviens des premiers masques ?
Tu te souviens de ce qui t'a contrarié le plus ?
Qu'est-ce qui a changé en toi depuis les confinements ?
C'était étonnant le travail avant le télétravail.
Tu te souviens ?

Quelle est votre manière habituelle de traiter le passé ?

En prenant l'exemple d'un film ou du passé récent de la pandémie, testez la manière dont fonctionne votre mémoire émotionnelle.

- Gardez-vous en mémoire des images isolées, des scènes, des sons, des paroles ? Avez-vous une mémoire visuelle, sonore ou littéraire ?
- Vous souvenez-vous surtout des détails, ou conservez-vous une impression globale ?

- Essayez-vous d'oublier, ou plutôt de repasser dans votre esprit les souvenirs les plus marquants ?
- Votre mémoire est-elle collective, ou individuelle ? Vous reconnaissez-vous dans les récits de l'actualité et dans les histoires de vos proches, ou cultivez-vous le souvenir d'une expérience personnelle, unique ?

Une recherche récente vient d'expliquer pourquoi nos souvenirs diffèrent tellement et ce qui fait que l'on se souvient d'une scène plutôt que d'une autre. Juste avant la pandémie, 53 personnes ont été invitées à lire une liste de noms neutres et angoissants pour tester leur mémoire émotionnelle. Imaginez-vous à la place des volontaires de Porto Alegre au Brésil. On vous installe dans une pièce tranquille et vous voyez défiler sur un écran une liste de dix mots neutres et d'un mot angoissant. Dans l'ordre d'apparition, les trois premiers mots sont neutres et le mot angoissant arrive entre la cinquième et la onzième place. Une fois la liste de mots passés, vous avez droit à trente secondes de détente. Puis un chercheur teste vos souvenirs. Il vous demande de vous rappeler les mots neutres, le mot angoissant et les mots placés avant et après le mot angoissant. Pour vous donner une idée, les mots angoissants choisis par les chercheurs de Porto Alegre étaient « massacre, fausse couche, douleur, noyade ». Depuis quelques mois, nous ne manquons pas d'inspiration pour trouver d'autres mots angoissants…

Les plus tristes des volontaires se souvenaient davantage des mots angoissants et aussi du mot apparu juste avant. Conclusion : plus on est triste, mieux on se souvient des moments tristes et angoissants. On enregistre plus facilement et plus longtemps ce qui est en phase avec notre humeur du moment. Les chercheurs brésiliens proposent une explication cérébrale à cette sélection de la mémoire par l'émotion. La tristesse active l'amygdale, une zone profonde du cerveau qui reçoit et analyse les émotions. Les femmes et les hommes tristes ou anxieux ont une amygdale plus connectée aux autres zones du cerveau que celles et ceux qui sont de bonne humeur. L'hyperconnexion donne à toutes les situations angoissantes vécues un plus grand impact dans leur cerveau et leur esprit. Ils s'en souviennent plus longtemps. Le circuit cérébral impliqué dans la mémoire triste commence par les yeux. On enregistre d'abord des images qui construisent un passé plus triste. Puis le cortex préfrontal, la zone du cerveau juste derrière le front, est le deuxième relais de la mémoire triste. Les images tristes dont on garde le souvenir vont ensuite stimuler l'amygdale, au plus profond du cerveau.

Nous nous en doutions. L'expérience brésilienne le confirme. Nous ne gardons pas les mêmes traces du passé selon que nous avons vécu les événements avec en nous de la tranquillité ou de l'angoisse. L'importance des souvenirs tristes dépend moins

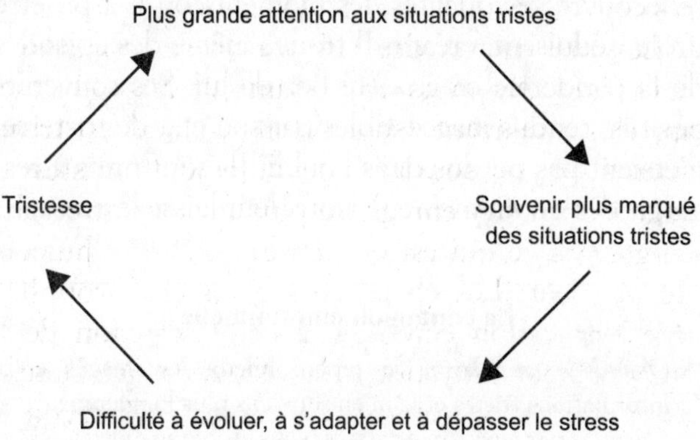

des événements objectifs que de la manière dont on les a perçus et des émotions qui les ont accompagnés. Je fais la même observation dans ma pratique médicale. Lorsque je reçois en consultation une femme ou un homme triste, il me parle de sa vie comme d'une suite d'échecs et d'épisodes décourageants. Il dresse la liste de ce qu'il a raté, de ses manquements moraux, des tensions avec son entourage. La crise sanitaire récente a renforcé son impression générale d'échec ou la certitude de son incapacité à s'adapter à l'imprévu. Il ajoute à ce souvenir angoissant celui d'autres difficultés qu'il a pu traverser dans sa vie personnelle ou au travail. Je l'écoute en sachant qu'il est impossible que son existence ne soit qu'une suite de catastrophes. Le simple fait de raconter ses manques commence à lui faire du bien. En se réappropriant son passé, le souvenir de ses réussites réapparaît. Il redécouvre ses qualités, les moments où il a pu être drôle, séduisant, créatif. Il trouve même des épisodes de la pandémie où il a été fier de lui. Ses souvenirs positifs, rendus inaccessibles par son état de tristesse, n'étaient pas perdus dans l'oubli. Ils sont prêts à ressurgir dès qu'un meilleur moral leur laisse le passage.

La contagion émotionnelle

Quand je suis triste, je repère mieux les images et informations tristes et je m'en souviens plus longtemps.
Quand je suis anxieux(se), je suis plus sensible aux menaces.
Quand je suis de bonne humeur, je vois des indices rassurants et des raisons de rester de bonne humeur.

En pratique ?

- *Nous ne sommes pas tous victimes d'une névrose post-traumatique* qui pourrait s'expliquer simplement par notre passé récent.
- Nous risquons de nouvelles vagues de contraintes mais pas la même vague pour tout le monde d'une même maladie de l'esprit.
- Nous avons tous besoin de *faire la paix avec notre passé,* mais il n'est pas raisonnable d'imaginer tout un pays commençant une psychothérapie individuelle ou collective pour « guérir » d'un mal mystérieux. Les moments les plus bouleversés comme nous en connaissons aujourd'hui ne se traitent pas uniquement par de la thérapie.

DE LA NÉVROSE À RAMBO, DU STRESS NORMAL AU STRESS POST-TRAUMATIQUE

Si vous ne voulez pas vous tromper sur la nature de votre passé récent, vous devez accepter une idée simple. Il y a une différence radicale entre le stress, la crise, la réaction au stress et le stress post-traumatique. Nous avons tous connu une situation négative et angoissante, soit dans le passé récent, soit avant, soit les deux. Nous sommes nombreux à avoir été exposés à une réaction de stress aiguë et seule une petite partie d'entre nous a connu et/ou connaît encore un état de stress post-traumatique. Aucune étude ne permet de savoir combien d'individus passent d'une étape à l'autre. Il est faux de croire que personne n'a fait de stress post-traumatique chaque fois qu'il a rencontré un danger et il l'est tout autant de penser que nous souffrons tous d'un blocage anxieux dans le passé récent ou plus ancien.

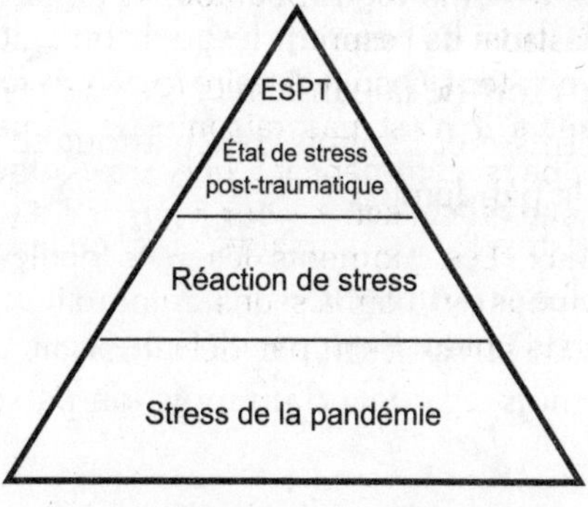

Souvenirs de la pandémie

La ***réaction de stress aigu*** a été décrite bien avant la pandémie. Psychologues et psychiatres ont analysé, entre autres, les réactions aux guerres, aux catastrophes sanitaires, aux accidents. Le stress aigu correspond à la zone centrale du triangle et il a quatre causes possibles :

- Être exposé à un ou plusieurs événements traumatisants.
- Être le témoin direct d'un ou de plusieurs événements traumatisants touchant d'autres personnes.
- Apprendre qu'un ou plusieurs événements traumatisants ont frappé un membre de sa famille ou un(e) ami(e) proche.
- Être exposé de manière répétée à des événements traumatisants ou désagréables.

Les signes du stress aigu sont :

- Les souvenirs répétitifs et envahissants de l'événement.
- Les rêves répétitifs rappelant la pandémie.
- Les flashbacks pendant lesquels on agit comme au plus fort de la pandémie.
- La détresse et l'angoisse face à tout ce qui rappelle la pandémie.
- La tristesse, les sursauts, les colères et les troubles du sommeil.

Cet état de stress aigu, par définition ne dure pas plus d'un mois. Au-delà d'un mois, on passe à l'état suivant.

Le ***syndrome de stress post-traumatique*** est bien plus rare que la réaction de stress aiguë. Il dure plus d'un mois et peut toujours être présent six mois après un épisode inquiétant. Les soignants et celles et ceux qui ont été le plus exposés au stress y sont particulièrement sensibles. Près d'un tiers des internes en médecine est ainsi atteint de stress post-traumatique. En temps normal, ils doivent affronter le stress banal de l'hôpital. Quand le nombre de malades augmente, l'intensité du stress suit. Les internes ont vécu des expériences professionnelles hors normes auxquelles ils n'étaient pas préparés. Ils ont dû s'adapter à des situations qui ont bouleversé même les praticiens les plus aguerris. Ils pourront et devront être accompagnés et aidés bien après la vague de menace. La même vigilance s'impose pour toutes celles et ceux qui ont été en première ligne au début de la pandémie. Elle est aussi requise pour les étudiants infirmiers et pour toutes celles et ceux qui vivent à l'hôpital ou dans un autre lieu de soin une situation qui les dépasse.

Si la névrose post-traumatique inquiète tant, c'est que l'histoire de Rambo et des anciens combattants de la guerre du Vietnam nous avait marqués. Les vétérans de l'armée américaine revenaient chez eux brisés, alcoolisés, incapables de sortir de leur passé. « Pour survivre à la guerre, disait Rambo, il faut devenir la guerre. » Et le retour à la vie civile ne va pas de soi. « Là-bas, je pilotais un avion de chasse, je pouvais conduire un tank. J'avais en charge un million de dollars de matériel. Mais ici, je n'arrive pas à avoir un boulot de gardien de parking. »

Le poète romain Lucrèce avait déjà remarqué comment les anciens soldats restaient fixés dans leur passé. « Les hommes, dont l'esprit est occupé des grandes et violentes actions qu'ils ont accomplies, répètent et revivent leurs exploits dans leurs rêves, beaucoup affrontent la mort… Certains se lancent dans la mêlée, crient comme s'ils étaient égorgés. D'autres se débattent, gémissent et emplissent l'air de leurs clameurs. » La connaissance de la névrose de guerre est apparue avec les médecins de Napoléon. Ils avaient décrit le *syndrome du vent de boulet* en référence à la sidération que connaît un soldat quand un obus explose à côté de lui. Il n'est pas physiquement blessé mais il est incapable de retourner au combat. Si on l'y force, il est incapable de se défendre et sa névrose de guerre l'expose à la mort ou à être capturé.

Aujourd'hui nous sommes nombreux(ses) à ressentir des angoisses rétrospectives lorsque nous repensons aux épisodes les plus terribles du début de l'épidémie. Nous les mettons en résonance avec des traumatismes comparables ou pas que nous-mêmes ou nos familles ont connus. Nous nous retournons sur nous-mêmes et nous nous inquiétons. Ou alors nous voyons réapparaître une image, un souvenir, une situation particulièrement chargée en émotions négatives. Chacun de nous a eu son moment, caché ou exprimé, pendant lequel il s'est senti particulièrement inquiet ou abattu. Le retour de ces moments, ces petites ou grandes effractions du passé dans le présent, est strictement normal. On ne sort pas d'une pièce glacée sans frissonner, même quand on a retrouvé un endroit chaud. La mémoire du corps comme celle de l'esprit nous rappelle que nous avons eu froid. Les personnes les plus exposées au syndrome de Rambo – ou au syndrome de stress post-traumatique – sont celles qui ont vu la mort au plus près. Le stress post-traumatique est plus fréquent après un accident ou une agression. On l'a observé chez les victimes des attentats. Pour la pandémie, les plus exposés sont les malades qui ont passé de longues semaines en réanimation, celles et ceux qui ont perdu un proche de manière particulièrement traumatique, soit brutalement, soit en étant privé des derniers instants ou d'obsèques. De nombreux soignants, bien sûr, ont eux aussi été traumatisés. Ce traumatisme récent a été d'autant plus impactant :

- qu'il était leur première émotion forte et désagréable ressentie à l'hôpital ;
- qu'il succédait à d'autres situations difficiles.

Une recherche italienne récente (Janiri et collaborateurs, 2021) a retrouvé chez les femmes et les hommes atteints par la pandémie 30 % de stress post-traumatique.

Il existe *trois signes très spécifiques* du stress post-traumatique qui permettent de distinguer les souvenirs normaux de l'incapacité gênante à dépasser le passé :

- Les sursauts.
- Les cauchemars de répétition.
- L'évitement maladif de tout ce qui rappelle la crise ou le traumatisme.

Commençons par les *sursauts*. Le malade du stress post-traumatique sursaute au moindre bruit ou à la moindre surprise. Il est irritable et a des accès de colère sans raison. Entre deux colères, il a du mal à se concentrer sur ses activités quotidiennes. Son sommeil est perturbé par des *cauchemars* où ressurgissent des images du passé particulièrement douloureuses. Ces cauchemars revenant presque chaque nuit et le matin, il se sent ou agit comme si le traumatisme allait se reproduire. Enfin, le stress post-traumatique conduit à éviter tout ce qui rappelle le traumatisme. Son *évitement* n'a rien à voir avec le ras-le-bol légitime que chacun éprouve face aux informations sur les différentes menaces grevant notre sécurité. L'évitement post-traumatique pousse à fuir le moindre souvenir, pensée ou sentiment, toutes les personnes connues au moment de l'épidémie, les endroits où l'on a vécu. S'ils durent pendant plusieurs semaines, ces symptômes indiquent la présence d'un stress post-traumatique.

Dans tous les autres cas, les souvenirs même désagréables sont normaux et ne relèvent pas d'une maladie anxieuse. Le nombre de fois où nous repensons au passé n'est pas un indice de maladie. Il n'y a pas de dose normale de souvenir. Il n'y a pas non plus une dose au-delà de laquelle on se souvient trop et on doit être soigné. La différence entre un souvenir normal et un stress post-traumatique ne tient pas au souvenir lui-même mais à l'impact qu'a le passé sur notre quotidien. Tant que le souvenir est présent mais n'empêche pas le présent de s'exprimer, c'est que l'esprit se défend, réagit. Nous ne sommes pas égaux face aux événements désagréables, nous ne sommes pas égaux non plus dans notre aptitude à les oublier ou à les utiliser.

Les souvenirs normaux	Les souvenirs du stress post-traumatique
Ils sont agréables ou désagréables	Ils sont systématiquement désagréables
Ils ne durent pas	Ils sont prolongés et envahissants
Ils ne concernent pas toujours la même scène ou situation	La même image ou situation revient en boucle
Ils ne sont pas toujours chargés de tristesse	Ils s'accompagnent d'angoisse et de tristesse
On peut s'en distraire	On ne peut pas les chasser
Juste après le souvenir, la vie normale reprend	Ils empêchent de profiter du quotidien
Il n'y a pas d'autres symptômes	Ils sont associés à des cauchemars, des rêves de répétition, des sursauts et un évitement

Qui est le plus à risque de souffrir d'état de stress post-traumatique ? Nous ne le savons pas encore précisément en ce qui concerne la pandémie, mais les travaux sur les souvenirs du stress n'ont pas commencé avec elle. Les recherches sur les effets des guerres, des catastrophes naturelles ou des attentats ont permis d'identifier quelques causes aux difficultés d'oubli du passé :

- Un stress ancien sensibilise au souvenir de la pandémie ou de tout autre traumatisme.
- On oublie mieux son passé quand on vit sans souci d'argent ou de logement.
- Celles et ceux qui ont un entourage, même éloigné, avec lequel ils ne sont pas en conflit repoussent mieux les mauvais souvenirs.

Une nouvelle forme de blocage sur le passé de la pandémie est en train d'apparaître. On la désigne sous le terme de **Covid long** sans être encore complètement au fait de ce qui la définit et la détermine. Les indices les plus habituels, dans le champ du comportement sont :

- la fatigue
- la difficulté à se concentrer
- une hypersensibilité à la lumière et au bruit
- des difficultés à lire
- des maux de tête et l'impression d'être dans le brouillard.

Des consultations spécialisées s'ouvrent à celles et ceux qui éprouvent encore ces signes plus d'un mois après le début de l'infection.

ÉCRIRE SON PASSÉ POUR L'OUBLIER

Vous n'avez pas besoin d'être atteint de stress post-traumatique pour appliquer des exercices d'oubli du passé – ils vont vous aider à « digérer » les stress anciens et à affronter ceux à venir. Deux techniques très simples viennent d'être validées pour mettre à distance le passé qui a du mal à passer. La première est l'*écriture expressive.* Vous notez pendant quinze minutes vos souvenirs et les émotions qui y sont associées et vous recommencez l'exercice trois jours de suite. Vous vous concentrez sur les émotions les plus désagréables. En poursuivant l'exercice pendant trois jours, vous commencez à les mettre à distance. Si vous êtes plus pressé, vous pouvez écrire deux fois quinze minutes dans la même journée en laissant passer au moins dix minutes entre les deux séances d'écriture. Pour que l'exercice fonctionne, il faut vraiment prendre son temps et s'aménager un espace de tranquillité car vous vous conviez à une vraie rencontre avec vous-même.

Plusieurs questions pratiques vont alors se poser à vous. Les aborder et les résoudre va commencer à vous éloigner du passé.

Où écrire ? Dans quel lieu ?

En répondant à cette question, vous allez découvrir ce qui lève vos inhibitions et augmente votre créativité. Peut-être avez-vous une concentration à la Patrick Modiano. L'écrivain français a récemment confié sa peur du bureau. Il trouve les cadres dédiés à l'écriture intimidants et cérémonieux. Il a besoin d'écrire dans des lieux qui, justement, ne se prêtent pas à l'écriture, comme les cafés ou les restaurants. Les trouverait-il aussi stimulants avec les précautions imposées depuis peu ? Rien ne vous interdit d'appliquer sa recette : « Je marche beaucoup, je rêvasse, je me mets dans une sorte d'état second à partir de morceaux de réalité, souvent du passé, parfois de noms propres. » La technique des *mots gâchette* confirmée par les neurologues est une excellente méthode pour se stimuler. Il vous suffit de noter en colonnes quelques noms de lieux, quelques noms propres ou quelques noms neutres en apparence. Choisissez des mots en relation avec le passé récent et d'autres qui vous ont toujours inspiré(e). Vous aurez facilement envie de continuer et vous ne connaîtrez pas l'angoisse ou l'inhibition de la page blanche. Ces mots gâchette produisent des images, des émotions, des « remontées du passé ». Ils ont même objectivement une action sur les neurones.

Si vous ne choisissez pas la méthode Modiano pour écrire dans les rues ou dans les lieux publics, vous pouvez vous aménager un bureau ou un autre refuge. Vous y serez seul, à l'écoute de votre passé. N'hésitez pas à vous gâter en travaillant votre cadre dans ses moindres détails : le fauteuil, la boisson qui vous accompagne, la recherche du silence ou d'une musique motivante.

Sur quoi écrire et à qui envoyer ses souvenirs ?

Chacun a ses manies, ses préférences – du stylo plume au clavier, du fichier sur un traitement de texte au cahier. Toutes les formules sont bonnes à la condition que votre épanchement reste discret et ne soit pas envoyé en ligne sur un forum, un site ou des réseaux sociaux. C'est l'oubli que vous recherchez. Méfiez-vous aussi des confidences et des diffusions intempestives. L'écriture est un exercice solitaire. Il ne gagne pas à être partagé ou alors seulement avec un partenaire d'oubli qui prendra l'engagement de ne pas garder trace de vos écrits et de ne pas les commenter, les critiquer ni même les encourager.

Comment prendre le rythme de l'écriture expressive

Prenez une habitude qui vous fera du bien. Vous vous fixez un moment de la journée pour commencer à écrire et vous y retournez tous les jours. Il est préférable de s'y tenir. Les interruptions font chuter la motivation. On pense « à quoi bon », et c'est fichu. Même un écrivain professionnel comme Patrick Modiano le dit : « J'écris tous les jours pour ne pas laisser le découragement s'installer en moi. Je sais que j'aurais du mal à reprendre après une interruption même brève. On perd facilement le fil. »

Distinguer les souvenirs froids et les souvenirs chauds

Un exercice étonnant pour travailler sa mémoire consiste à se rappeler une liste de souvenirs chauds et de souvenirs froids. Les souvenirs chauds sont chargés d'émotions fortes positives ou négatives. Les temps récents n'ont pas manqué d'occasion de faire chauffer vos neurones. Les souvenirs froids en revanche sont des souvenirs que vous choisirez en raison de leur neutralité émotionnelle. Ils sont plus difficiles à trouver dans le passé récent mais vous en identifierez quelques-uns. S'entraîner à repérer les souvenirs froids et chauds aide à mieux tolérer les émotions les plus désagréables. Cet exercice vient d'une forme de thérapie appelée *thérapie narrative* qui s'applique particulièrement à notre époque. Selon les principes de la thérapie narrative, le passé désagréable vous donne l'idée que vous avez perdu des ressources protectrices. Les ressources sont des forces soutien qui viennent de l'extérieur (famille, amis, lectures) ou de l'intérieur (personnalité, caractère...). En réalité, vos ressources n'ont pas disparu mais vous les oubliez et vous perdez l'habitude de vous en servir. En allant chercher des souvenirs froids ou chauds, vous redécouvrez leur existence – comme si, après un accident de voiture vous répariez en plus du moteur les pare-chocs et les *airbags*. La technique narrative et la recherche de souvenirs vous encouragent à écrire une histoire dans laquelle vous n'êtes pas seul et n'avez rien à vous reprocher.

Pour rendre l'exercice plus pratique ou concret vous pouvez construire votre propre inventaire narratif en notant sur deux colonnes les souvenirs froids et les souvenirs chauds. Chaque fois que vous revient en mémoire un souvenir chaud, mettez en face un souvenir froid. Cet exercice vous confortera dans l'idée de la variabilité des émotions. Tout passe car après chaque coup de chaud arrive un moment de tranquillité ou de sérénité. Si vous avez du mal à visualiser des souvenirs chauds et froids, essayez de répondre aux questions suivantes :

- Quels sont les moments de l'épidémie que j'ai traversés avec le moins d'angoisse et même le moins d'émotion ? À l'occasion d'autres difficultés, quels moments ai-je vécus avec le plus de sérénité ?

- Quels sont les moments où j'ai ressenti un peu ou beaucoup de tristesse, de peur, de honte, de culpabilité et aussi de bonne humeur ?

À partir de ces deux types de souvenirs, vous allez pouvoir construire votre propre histoire intégrant la pandémie récente et vos autres crises. Vous pourrez le faire par ordre chronologique de vos souvenirs en ne conservant que quatre moments marquants, deux froids et deux chauds.

Graphe narratif pour construire son histoire personnelle de crise

Annonce de l'épidémie ou d'une autre crise personnelle ou collective	**Différents temps de la crise**
Souvenir chaud	Souvenir froid
Souvenir froid	Souvenir chaud

Ensuite, pour appliquer au quotidien les principes de la narration du passé, vous noterez pour chaque souvenir chaud un degré d'intensité allant de 1 (presque froid) à 10 (brûlant) et vous indiquerez la date et la durée de ce que vous avez identifié de votre passé. Attention, il est plus important d'indiquer le degré de « chaleur émotionnelle » et la durée que de décrire les détails.

Les défenseurs de ces principes de narration expliquent comment la pêche aux souvenirs module notre relation au passé. Elle augmente la conscience que l'on a de ses émotions et la capacité à identifier ses ressources internes et externes. En se remémorant les souvenirs chauds désagréables, on muscle sa tolérance à l'inconfort. Si vous êtes capable de vous souvenir des moments de réelle inquiétude, vous serez prêt(e) à affronter d'autres conséquences dans le champ de la pandémie voire de l'économie. Vous verrez que vous n'êtes pas resté(e) seul(e) et sans défense. En reconstruisant votre histoire personnelle et émotionnelle de la pandémie, vous vous êtes déchargé(e) d'une part de reproche et de culpabilité.

En pratique ?

Les irruptions de souvenirs dans le présent sont normales. Elles ne sont inquiétantes que si elles durent plus d'un mois et s'accompagnent de sursauts, de cauchemars et de tristesse.
Vous pouvez mettre votre passé à distance par des séances d'écriture expressive de quinze minutes et la recherche de souvenirs froids ou neutres qui viendront compenser les souvenirs chauds.

CULTIVER NOSTALGIE ET PLAISIR QUOTIDIEN POUR ÉCARTER LES SOUVENIRS TRISTES

Quand votre vie est bouleversée par une rupture, une crise au travail, une maladie, un deuil, vous avez envie de faire place nette, de vous débarrasser de souvenirs ou d'objets auxquels vous teniez depuis votre plus jeune âge. Si vous avez résisté et que vous avez gardé vos vieux vêtements, vos vieux livres, vos collections inutiles, tout ce qui alimente votre nostalgie, vous avez eu raison. Une étonnante étude française donne raison aux nostalgiques et aux collectionneurs. En se fixant des balises auxquelles ils accrochent leurs émotions positives, les amoureux des objets inutiles se protègent d'un passé traumatisant grâce à leur passion du temps jadis. Les travaux qui valident les bienfaits de la nostalgie ont été conduits par le laboratoire de psychopathologie et processus de santé de Boulogne-Billancourt. Pour chercher si l'attitude face au passé détermine les états de bonne ou mauvaise humeur, Héline Kaya Lefèvre a élaboré une échelle mesurant cinq relations possibles au passé :

La nostalgie positive

Elle entretient un regard positif sur son passé quelles que soient les difficultés rencontrées. « Même si j'ai eu des soucis, tout bien considéré, cela me fait plaisir de me souvenir de mon passé. »

La « négativation » du passé

C'est une relation négative au passé et un désir de l'oublier. « Quand je pense à ce que j'ai fait ou vécu, j'ai des regrets. J'aurais tellement voulu m'y prendre autrement. »

La vision fataliste du passé et du présent

Elle s'exprime par une position sans espoir, mais sans découragement majeur non plus. « Ma route est contrôlée par des forces et un destin que je ne peux pas influencer. »

L'hédonisme du passé

Chez l'hédoniste, tout est plaisir ou recherche de plaisir. Cette orientation conduit à rechercher les grands et petits agréments du quotidien et à prendre, à l'occasion, des risques pour ne pas manquer une expérience agréable. « Je cherche à vivre à fond chaque journée et chaque instant. »

L'orientation vers le futur

Cette attitude ne tient pas compte du passé, ou elle veut l'ignorer. Elle a pour objectif de faire table rase de ce qui est arrivé hier ou l'année dernière. Elle n'a de regard ni positif ni négatif sur l'histoire. Elle s'oriente exclusivement vers le futur et la réalisation des objectifs que l'on s'est fixés. « Quand je veux réussir quelque chose, je me fixe des buts et je cherche les moyens les plus réalistes pour y arriver. »

Cinq relations au passé pour oublier une crise

La nostalgie : protecteur
La négativation du passé : angoissant
Le fatalisme : effet variable
L'hédonisme : protecteur
L'orientation vers le futur : protecteur

Réhabilitons l'hédonisme et la nostalgie après une crise

Quand vous collectionnez de vieux livres, des images inutiles ou des disques rayés, c'est une façon de résister aux récents souvenirs désagréables. Nettoyez-les, désinfectez-les si vous voulez, mais je vous conseille de les garder et même de les imposer à votre entourage ! Il faut aimer son passé d'avant les différentes crises pour mieux en oublier les détails. Les chercheurs appellent nostalgie positive la positivation du passé. Ceux qui y consacrent du temps et de l'énergie se souviennent des bons moments de leur vie, de leurs réussites, de leurs motifs de joie. Ils trouvent dans les réussites passées des raisons d'aller bien aujourd'hui et d'être fiers de leur moi présent. Trouver et chercher du plaisir ici et maintenant est une manière agréable d'oublier.

Nostalgies positives et négatives

Nostalgie positive ou heureuse	Nostalgie négative ou triste
Les moments heureux de l'enfance	Le regret de la vie avant la crise
Les livres, films et musique préférés de sa jeunesse	La liste des loisirs perdus ou compromis par les crises anciennes ou la pandémie
Le plaisir de retrouver des images de son passé d'avant la crise	Le regret des activités interdites par la crise

L'échelle de perception du temps vous donne des exemples d'hédonisme et de bonne nostalgie que vous pouvez mettre en pratique, y compris en situation imprévisible, comme un programme complet de renaissance.

Pour cultiver un ***hédonisme anti-passé triste*** vous allez vous entraîner à :

- vivre votre vie aussi pleinement que possible, au jour le jour ;

- retrouver, en intégrant les consignes de sécurité, des amis pour faire la fête et cultiver ces moments importants de la vie ;

- ne pas tout prévoir et vous autoriser des décisions selon l'inspiration du moment ;

– vivre chaque jour comme s'il était le dernier… ou le premier d'une nouvelle vie ;

– cultiver ce qui met du piment et de la passion (activités, rencontres, comportements agréables) dans votre vie ;

– vous exposer à quelques risques plutôt qu'à l'ennui ou la routine ;

– écouter votre cœur plus que votre tête.

Ces recommandations ne sont pas seulement des déclarations d'intention ou des vœux pieux. Elles dessinent une nouvelle relation à vos émotions dans laquelle nous ne laissez pas le passé, le regret, la culpabilité prendre toute la place. Vous commencez à chasser grâce à une nouvelle relation à votre histoire ce qu'il y a de plus désagréable dans le passé. C'est à cette démarche de réappropriation de vos temps que vous invitent *Les 4 Temps de la renaissance.*

Pour vivre des expériences de ***nostalgie heureuse,*** ou de positivation du passé, il faut :

– garder les souvenirs de votre enfance (photographies, journaux, films, livres, objets divers) ;

– entretenir les traditions et coutumes familiales ;

– se souvenir des images, odeurs et sons familiers de son enfance ;

– lire des livres anciens rappelant « le bon vieux temps que l'on a connu » ;

– ne plus faire confiance aux guides vous montrant comment ranger et alléger votre existence.

La défense de la nostalgie est une révolution dans le champ de la psychologie. Elle donne aux nostalgiques constitutionnels des raisons de ne plus se sentir coupables. Pour tous les autres, elle autorise de petites manies de reconnexion avec des souvenirs, des musiques ou des objets en apparence désuets ou naïfs. On ne renaît pas en se coupant complètement de son passé même dans ses aspects les plus sombres, mais plutôt en trouvant des motifs de nostalgie heureuse que l'on peut déguster.

Ces deux qualités que l'on vous reproche quand vous y cédez, la recherche du plaisir et la nostalgie heureuse, deviennent essentielles en temps de pandémie. Elles sont de véritables ressources de protection et les mettre en pratique est agréable. Je vous suggère d'y consacrer du temps et de l'énergie. Vous le méritez bien.

Le *fatalisme*, en revanche, est une défense dont il faut user avec grande modération. Dans les premiers temps, le fatalisme aide à supporter l'imprévisible et la perte de sécurité. Mais s'il s'installe comme un mode de pensée, il conduit à la tristesse et à l'impression que l'on est impuissant à changer son présent.

Une heure d'exercice physique pour vraiment oublier les impacts d'une crise personnelle ou collective

D'après un groupe de chercheurs australiens, si vous faites une heure d'exercice, sans vous épuiser, vous diminuez l'adrénaline et vous augmentez le facteur de croissance des neurones *(Brain Derived Neurotrophic Factor)*. Grâce à la modification de ces deux paramètres, ce qui vous a fait peur dans le passé récent est moins présent. Les zones cérébrales porteuses de la mémoire des événements désagréables (hippocampe et autres structures) « s'endorment » et « se déconnectent ». Vous avez appris que l'épidémie ne devait pas vous rendre sédentaire et vous exposer à la prise de poids. Il y a maintenant une base neurobiologique aux bienfaits de l'exercice, il chasse les souvenirs porteurs de stress. Si vous voulez que l'exercice soit encore un peu plus efficace, changez-en d'un jour à l'autre. La surprise et la nouveauté augmentent encore son impact sur la réduction du stress et de la mémoire dépressive. La pratique de l'activité physique pour supporter le passé traumatique est aussi une recommandation nouvelle et même révolutionnaire. Qui aurait pu imaginer, il y a quelques années seulement, que l'on protège mieux son corps et son esprit en bougeant qu'en se serrant très fort la tête entre les mains pour faire disparaître ses malheurs ! La renaissance vient de l'activité et de l'activation autant émotionnelle que physique. J'en ai fait l'expérience dans les consultations quotidiennes. Celles et ceux qui ont pu conserver une activité physique régulière malgré tout ce qu'ils subissaient comme restrictions de leurs mouvements, ont mieux traversé les crises que les plus sédentaires.

TROUVER DU SENS À UN PASSÉ ABSURDE

Prenons d'abord l'exemple de la pandémie. Il existe deux manières de considérer ce qui nous est arrivé :

- Soit comme une *histoire insensée*, absurde, gérée en dépit du bon sens.
- Soit comme une *tragédie planétaire* qui marquera notre génération et lui donnera, avec tout ce qu'elle a de paradoxal, son identité. Il y a eu la génération des guerres. Il y aura la génération de la pandémie.

Cette distinction entre histoire insensée ou tragédie peut s'appliquer à la plupart des autres crises.

Vous et moi sommes tentés de voir dans toute crise individuelle ou collective d'abord une tragédie absurde. Nous avons tous laissé libre cours à notre angoisse, n'hésitant pas à désigner au mieux des incompétences, au pis des mensonges ou des turpitudes. Cette rumination sur l'absurdité et l'incompétence nourrit des débats passionnants ou des ruminations personnelles. Mais les débats en boucle n'aident pas à s'abstraire du passé et à construire sa renaissance et sa résistance.

La spécificité de la crise de la pandémie : Une catastrophe mondiale, inédite, multi-analysée et indépendante de nos choix se supporte mieux qu'une erreur personnelle d'inattention

Dans le registre des calamités privées et publiques, la pandémie est bien différente des accidents ou maux individuels qui laissent une impression de faute ou de malchance que l'on est seul à subir. Certains se brisent les os en glissant chez eux ou sur une trottinette. Pour eux, ça n'a aucun sens, ça ne passe pas et ça nourrit des reproches en boucle – inattention, négligence, malchance.

Notre perception de l'épidémie qui vient de nous accabler est bien différente de ces accidents de la vie :

- Elle est universelle : même si nous ne l'avons pas tous vécue de la même manière, nous en avons tous subi des conséquences.
- Nous n'avons rien à nous reprocher dans sa survenue : ce n'est pas la faute de notre inattention, d'une négligence ou d'une prise de risque intempestive.

- Si accident il y a, il est collectif, à l'échelle de la planète : les analystes du monde pointent des erreurs mais ce sont des choix de société et non une décision individuelle comme celle de s'essayer à la trottinette.
- Il s'agit d'un événement majeur qui a tout arrêté : ce moment a naturellement un sens. Il va donner à notre génération son identité, sa marque.

La parabole des casseurs de pierres

Je raconte volontiers cette histoire à celles et ceux qui trouvent que leur vie manque de sens. Elle est attribuée à l'écrivain Charles Péguy. En pèlerinage à Chartres, Péguy croise un premier casseur de pierres, épuisé et énervé. Il lui demande ce qu'il fait et l'homme lui répond : « Je casse des cailloux, c'est dur. Je me casse le dos et les muscles avec ce travail. » Charles Péguy poursuit son chemin et croise un deuxième casseur de pierres. Il a l'air moins fatigué, moins énervé que le précédent, et il dit : « Je gagne ma vie. Je casse des cailloux, je n'ai pas trouvé d'autre métier. Il me nourrit et nourrit ma famille. » Charles Péguy aperçoit ensuite un troisième casseur de pierres qui sourit devant son tas de cailloux. Sans attendre qu'on lui pose de questions, il explique à Charles Péguy : « Moi, monsieur, je bâtis une cathédrale. » Le défi de notre génération sera de trouver quelles cathédrales nous construirons au sortir de ces temps tourmentés.

Pourquoi est-il si important de trouver du sens ?

Les philosophes et les politiques ont pour métier de donner du sens à l'actualité pour nous la faire accepter. Pour protéger l'esprit, nous utilisons le sens comme un médicament préventif ou un facteur de résilience. À difficulté égale nous résistons mieux à un événement qui a du sens qu'à un événement qui n'en a pas. Le souvenir dure moins longtemps. Prenons l'exemple du sport. Les sportifs blessés dans une compétition importante récupèrent mieux que ceux qui sont victimes d'un accident lors d'un entraînement solitaire.

Vous avez certainement entendu parler de la pyramide de Maslow. Le psychiatre russo-américain Abraham Maslow avait étudié nos motivations et ce qui donne du sens à notre vie. Pour cela, il a hiérarchisé nos besoins sous la forme d'une pyramide. Selon lui, nous avons cinq niveaux de besoin et nous passons au niveau supérieur quand chaque niveau de base est satisfait.

Niveau 1 (ou niveau de base) : Besoin physiologique (respiration, faim, soif, sexualité, sommeil).

Niveau 2 : Besoin de sécurité (environnement stable et prévisible, sans anxiété ni crise).

Niveau 3 : Besoin d'appartenance et d'amour.

Niveau 4 : Besoin d'estime (confiance et respect de soi, appréciation des autres).

Niveau 5 : Besoin d'accomplissement de soi.

Mesurez l'impact du passé récent ou des autres crises de votre existence sur vos besoins fondamentaux

Voici une expérience simple et instructive :

- Imaginez ce que vous auriez répondu avant la pandémie ou une autre crise de votre vie sur vos cinq niveaux de besoin.
- Trouvez les besoins fondamentaux exprimés depuis le début de la crise.
- Cherchez s'ils ont évolué entre avant la crise et maintenant.

Ensuite, essayez de visualiser des exemples surprenants de changements de vos besoins indispensables. Vous allez découvrir ce qui vous structure vraiment : vos besoins fondamentaux de toujours, ceux qui n'ont pas bougé sous l'effet de la pandémie.

L'impression de cohérence et le sens de la vie sont l'un des quatre facteurs qui protègent objectivement la santé du corps et de l'esprit. C'est particulièrement vrai chez les plus âgés. Les activités riches de sens qu'ils continuent à accomplir les gardent en forme. Quand ils perçoivent une utilité sociale, financière ou collective à leurs actions, ils s'y investissent davantage et ils en retirent plus de bienfaits.

Les autres boucliers, identifiés par des études sur des milliers de seniors, sont :

– l'activité physique,
– le niveau de curiosité et d'activité intellectuelle,

– la richesse et la variété des activités quotidiennes.

Celles et ceux qui réfléchissent au sens qu'un passé traumatisant a pour eux, au niveau individuel, familial ou national ne perdent pas leur temps. Quand ils trouvent une cohérence à ces événements absurdes, ils se font du bien. Chacun possède sa petite machine personnelle, et souvent confidentielle, à produire du sens. Il l'a réactivée en temps de crise. Elle s'appuie sur les valeurs fondatrices ou fondamentales de sa vie avec, au choix :

– La foi ou la spiritualité.
– Un engagement éthique ou politique.
– La protection de sa famille.
– Sa propre protection.
– La défense des plus précaires.
– La conservation de la planète et de l'environnement.

Jamais, depuis longtemps, ces sources de sens n'ont été aussi vitales pour notre renaissance et notre résilience. Si vous avez du mal à trouver vos propres sources de sens, inspirez-vous de l'*exercice du blason*. Imaginez-vous en chevalier du Moyen Âge décorant son drapeau personnel ou son bouclier.

- Quelles seront vos couleurs fondatrices ?
- Quelles images et quelles figures orneront votre blason ?
- Quelle est votre grande œuvre, votre grande réussite ou votre projet ?

L'épée des académiciennes comme arme de renaissance

Les membres élus de l'Académie française ne se fabriquent pas des blasons mais des épées. Elles évoquent ce qui les inspire et donne du sens à leur vie. Barbara Cassin, la dernière immortelle élue, a choisi une épée allégorique qui ne blesse pas, en cuir souple percé de petits trous qui laissent passer la lumière et dessinent une citation de Jacques Derrida : « Plus d'une langue. » Belle devise pour une académicienne que de défendre, outre le français, plus d'une langue ! Marguerite Yourcenar, elle, avait remplacé l'épée par une médaille à l'effigie de l'empereur sage Hadrien dont elle a écrit la vie. Cette tradition de l'épée, en apparence désuète, n'est pas inutile. Je vous invite à vous essayer à cet exercice. Les symboles et valeurs qui portent notre passé sont plus que jamais indispensables à notre renaissance. Vous ne deviendrez pas forcément académicien ou académicienne, mais vous aurez découvert ce qui donne du sens à votre passé et vous protège.

En pratique ?

- Cherchez les activités accomplies depuis le début de la pandémie ou de toute autre crise personnelle ou collective qui vous semblent absurdes ; et celles qui donnent du sens à votre vie.
- Recensez les personnes et actions qui produisent du sens et donc vous protègent.

LES LEÇONS DES OURAGANS APPLIQUÉES AUX TRAUMATISMES DE L'ESPRIT

Bien entendu, il n'est pas interdit de chercher à oublier les mois de tempête que nous venons de connaître. Je vois dans mon entourage personnel et parmi mes patients des orfèvres de l'oubli volontaire. Ils n'écoutent plus que de la musique et refusent de suivre les informations. Ils s'immergent, au choix, dans Jean-Sébastien Bach ou Elton John, se plongent dans la redécouverte des classiques de la littérature et s'abandonnent aux visites en ligne ou en présentiel. Ils retrouvent à cette occasion des mécanismes de protection dont ils s'étaient déjà servis, sans le vouloir, à l'occasion d'autres traumatismes, deuils, séparations, difficultés professionnelles.

Si cet oubli vous fait plaisir, cédez-y. Mais n'imaginez pas que c'est ainsi que vous renaîtrez le mieux ou ferez passer des événements que vous souhaitez oublier.

Affronter plutôt qu'essayer de se cacher le réel

Une recherche américaine a été menée après le passage de l'ouragan Harvey qui a balayé Houston en 2017. Les chercheurs ont comparé les capacités de résistance de celles et ceux qui affrontaient la situation et de celles et ceux qui refusaient de regarder la réalité en face. Le résultat est sans appel. Les adeptes de l'affrontement allaient mieux, étaient moins tristes et ils étaient moins souvent atteints de stress post-traumatique. Les mêmes chercheurs ont repéré quatre manières de penser et de se comporter qui confirment que l'affrontement aide à mieux résister aux épreuves, qu'elles viennent d'un ouragan ou d'une pandémie :

- Déterminer une ligne d'action et la suivre.
- Rechercher un soutien émotionnel de la part des autres.
- Accepter la réalité de sa nouvelle situation.
- Évacuer ses sentiments déplaisants en en parlant.

Cette même étude post-ouragan révèle aussi les comportements et manières de penser toxiques qui fixent dans la mémoire les images et les mots d'une situation dangereuse ou désagréable :

Je me suis dit que ce n'était pas réel.

J'ai consommé de l'alcool ou d'autres substances pour me sentir mieux et oublier.

Je me suis critiqué(e) et me suis fait des reproches.

J'ai essayé d'oublier et de ne pas regarder ce qui se passait vraiment autour de moi.

Les conclusions des chercheurs de Houston doivent nous inspirer au quotidien. N'essayez pas de vous convaincre que rien ne s'est passé. N'ayez pas l'illusion qu'une fuite dans l'alcool ou toute autre substance effacera ce qui vous est arrivé. Au lieu de cela, vous pouvez mettre en place l'*affrontement modéré*, en n'y consacrant que quelques minutes par jour. Si après avoir suivi les informations vous décidez de replonger dans vos livres ou votre musique préférée, grand bien vous fasse. Mais vous saurez que c'est pour le plaisir et non pour l'oubli !

Déconditionner ses souvenirs angoissants

La psychologie comportementale explique les angoisses comme un apprentissage. Nous « apprenons » à redouter une situation ou une personne après une expérience difficile. Une célèbre et ancienne expérience de psychologie comportementale avait appris la peur des rats blancs à un enfant prénommé Albert. Chaque fois qu'Albert voyait un rat blanc, il entendait le bruit désagréable de deux barres de métal frappées l'une contre l'autre. Au départ, Albert n'était pas effrayé par le rat mais, après quelques séances d'apprentissage anxieux, il avait non seulement peur du rat mais également des fourrures blanches et des cheveux blancs. D'autres séances de déconditionnement ont permis de faire disparaître la peur d'Albert. Je connais des femmes et des hommes qui, comme Albert, déclenchent leur angoisse chaque fois qu'ils pensent à un moment traumatique de leur passé. Il suffit de prononcer un mot, de rappeler le début d'un événement, de citer une date, de lancer un débat pour qu'ils rougissent, s'énervent, tremblent et retrouvent la même panique qu'au premier jour de la crise. Leurs réactions émotionnelles sont conditionnées, c'est-à-dire apprises et déclenchées par une image ou un mot « gâchette ».

Les peurs conditionnées se traitent par *désensibilisation* – la même méthode que pour soigner l'allergie. Quand vous êtes allergique aux piqûres d'insectes par exemple, une petite injection de venin d'insecte tous les mois vous empêche de faire à l'avenir une grave réaction allergique. En psychologie, la désensibilisation a été utilisée pour surmonter les stress du passé. La peur de la pandémie peut être un réflexe conditionné. Certains d'entre nous s'inquiètent chaque fois qu'ils suivent les informations ou qu'ils lisent une analyse inquiétante. Je vous suggère de chercher la source de votre conditionnement.

- À quel moment dans votre passé récent est apparue votre plus grande angoisse ?
- Où étiez-vous ?
- Quelle situation précise a mobilisé vos émotions ?

En trouvant les causes des souvenirs tristes, vous vous entraînez à les mettre à distance. Une fois que vous vous serez davantage familiarisé avec votre passé, essayez cet exercice de déconditionnement par exposition. Relaxez-vous, installez-vous dans un endroit où vous vous sentez en sécurité et confrontez-vous à l'idée, événement ou information qui vous a le plus inquiété. Elle va ainsi perdre un peu de son pouvoir de nuisance.

Pratiquer la catharsis

La méthode nous vient des philosophes grecs. La catharsis était pour Platon une sorte de purge de l'esprit qui libère l'âme et chasse les impuretés qui la troublent. Il s'agit d'évacuer ses fausses idées et ses mauvais souvenirs pour laisser la place à des idées plus justes et des émotions plus agréables. Si l'on en croit les philosophes, l'art pourrait aider à la catharsis. Imaginez la scène. Vous allez au théâtre aussitôt que c'est redevenu possible en appliquant les consignes de prudence, pour assister à une grande tragédie. Vous contemplez un héros malheureux en train de se débattre contre le mauvais sort, essayant de se tirer d'un piège inextricable. En plus, il doit sauver un amour malheureux ou bien il est obligé de tuer son frère ou son meilleur ami. Si vous faites confiance à Platon et Aristote, votre sortie au théâtre aura l'effet d'une séance de psychothérapie du passé. La scène à laquelle vous assisterez transportera votre âme, la nettoiera et vous la rendra aussi propre qu'un sou neuf. Les images en boucle de catastrophes offertes par l'actualité sont « anti-cathartiques ». Elles n'éloignent pas du passé traumatisant mais y attachent en fournissant chaque heure ou chaque jour de nouveaux détails, de nouveaux motifs d'inquiétude.

La prochaine fois que vous irez au théâtre – un vrai lieu de catharsis – pour vous émouvoir ou vous divertir, vous saurez qu'assister à un spectacle peut vous aider à mieux dépasser votre passé personnel. Vous noterez quel spectacle a le plus de pouvoir d'oubli et de transport sur vous. Est-ce le drame qui détourne l'inquiétude sur un sujet extérieur, la comédie qui distrait ou le suspense qui stresse avant de rassurer ? Vous saurez également si ce sont les larmes ou les rires, la peur ou l'aventure qui vous distraient le mieux du passé. Je vous propose de vous constituer votre petit catalogue de catharsis avec les films, les livres et les musiques les plus « dissolvants » d'émotions négatives.

La gestion des souvenirs selon Sherlock Holmes

Dans ses premières *Aventures de Sherlock Holmes*, Arthur Conan Doyle, lui-même médecin, propose une étonnante technique de traitement du passé. Elle n'est toujours pas validée mais quelques recherches récentes sur le cerveau et la mémoire vont dans son sens.

Lorsque le détective Sherlock Holmes apprend que le système solaire existe, il est intéressé par la nouvelle. Mais comme il estime qu'elle ne lui sert à rien, il décide de l'oublier et explique pourquoi à son ami fidèle, le Dr Watson : « Je considère le cerveau de l'homme au départ comme un petit grenier vide. Vous devez le remplir avec les meubles de votre choix. Un idiot y entasse n'importe quoi, tout ce qui lui tombe sous la main. Il en résulte que les connaissances qui pourraient lui être utiles sont mélangées à nombre d'objets inutiles. Il a du mal à s'y retrouver quand il cherche quelque chose. Un ouvrier habile fait très attention à ce qu'il entrepose dans son cerveau-atelier. Il sait que la place est comptée. Il n'y met que les outils qui pourront servir dans ses tâches quotidiennes. Il garde de chacun de ces outils qui lui sont utiles un vaste assortiment, parfaitement rangé. C'est une erreur de penser que notre cerveau-atelier a des murs élastiques et qu'il peut s'étendre à l'infini. Il est important de ne pas laisser des faits qui ne servent à rien empêcher d'accéder à ce qui nous est utile. »

Faites le point sur votre relation au passé.

	Déni	**Souvenirs calmes**	**Passé encore présent**
Types de souvenirs	Flou dans les événements désagréables traversés	Souvenirs clairs non envahissants	Souvenirs revenant à l'esprit sous forme d'images ou d'émotions
Tonalité des souvenirs	Aucune émotion	Souvenirs des émotions agréables et désagréables	Souvenirs uniquement des émotions négatives
Activisme par rapport au passé	Ne sait pas de quoi il est question	En parle avec distance	Évite complètement d'en parler ou en parle tout le temps

Sommeil et passé	Aucun souvenir de ses rêves	Quelques rêves du passé sans cauchemars	Cauchemars répétitifs en relation avec le passé
Émotions déclenchées par le passé	Rien de grave ne s'est passé	Angoisse fugace quand une situation ou une parole rappelle le passé	Sursaut Colère Tremblements à tout rappel du passé

Si vous vous reconnaissez plus dans la première colonne, vous avez « métabolisé » votre passé en le faisant disparaître. Il pourra bien sûr ressurgir un jour, mais rien n'est obligatoire. Vous n'êtes pas condamné(e) à rechercher vos souvenirs enfouis. Cette occultation de la mémoire a été votre manière de vous défendre. Le plus souvent vous ne l'avez pas choisie. C'est un phénomène inconscient. Si vous vous reconnaissez dans la deuxième colonne correspondant aux souvenirs calmes, vous êtes en train de préparer votre renaissance malgré toutes les difficultés que vous avez traversées. Si vous vous reconnaissez uniquement dans les intitulés de la troisième colonne, vous n'êtes pas loin de ce que l'on appelle le stress post-traumatique. Vous avez le droit de demander un avis sur votre état. Le plus important est surtout de ne pas traiter ce stress post-traumatique de manière intempestive par exemple en prenant de l'alcool qui va l'aggraver ou avec des médicaments qui n'auraient pas été prescrits par un praticien qui vous connaît bien.

Mesurez maintenant votre score d'« anti-renaissance » après une crise.

Ce score évalue le risque auquel vous êtes confronté après toute crise ou tout traumatisme.

1. J'ai déjà connu une ou deux grandes et graves crises dans ma vie.
2. J'ai déjà été traité pour une dépression caractérisée avec des médicaments et/ou une psychothérapie.
3. Je sursaute quand un bruit me surprend.
4. Je fais des cauchemars.
5. Je me sens isolé(e).
6. J'évite tout ce qui rappelle le passé, la crise.
7. Je ne peux pas m'intéresser à autre chose qu'aux difficultés que j'ai connues.

Si vous répondez OUI à moins de deux des questions précédentes, vous avez certes été bousculé(e) par la crise, mais tout est en place pour votre renaissance.

Entre 3 et 5 réponses positives, la crise qui vient de se passer ou toute autre crise de votre vie a eu un impact sur vous. Les expériences et exercices de ce livre vous seront utiles. Au moindre doute, vous pourrez vous confier à un professionnel de la santé mentale qui vous donnera un avis supplémentaire.

Entre 6 et 7 réponses positives, n'affrontez pas seul cet état. Vous accéderez bien sûr à la renaissance. Une aide va rendre votre renaissance plus facile et plus rapide.

Questionnaire pour tester votre relation au passé

Lisez les propositions qui suivent. Notez pour chacune d'elles si elles vous semblent justes ou fausses. Les réponses sont en bas de la page.

	Vrai	Faux
1. Le stress endurcit avec le temps. Plus il dure, plus on s'y habitue.		
2. Celles et ceux qui ont déjà connu une crise résistent mieux à une nouvelle crise.		
3. Le fait de se souvenir d'une crise qui nous a mis en danger n'est pas un indice de maladie.		
4. Trouver du sens à une crise aide à la dépasser.		
5. Mieux vaut être seul après un moment de crise.		
6. L'alcool n'est pas un si mauvais traitement des souvenirs anciens envahissants.		
7. L'activité physique est une pratique validée médicalement de renaissance.		
8. Ne jamais parler d'une crise permet de l'oublier.		
9. La nostalgie peut aider à dépasser le passé.		
10. Tout le monde devrait prendre des psychotropes quand il est arrivé quelque chose de désagréable.		

Réponses :
Les propositions 1, 2, 5, 6, 8 et 10 sont fausses.
Les propositions 3, 4, 7 et 9 sont exactes.

LE PRÉSENT

Comment réapprendre à profiter du présent après une crise

Suis-je seul à m'en être aperçu ? Je vous fais partager un agacement récent mais récurrent. Je n'en peux plus d'entendre depuis la pandémie et la nouvelle réflexion qui l'accompagne même les plus allergiques à la psychologie s'extasier sur l'instant présent. Chacun est devenu un Philippe Delerm en puissance, goûtant avec un plaisir irraisonnable sa première gorgée de bière ou tout autre geste quotidien. Pour fuir une grande réalité angoissante, j'observe une ruée vers les petits détails élevés au rang d'expérience extatique. Cueillir une fleur, soulever sa cuillère, la tourner dans son thé, regarder une mèche de cheveux de son enfant ou de son amoureux(se)… tout est bon pour satisfaire l'appétit devenu insatiable de plaisirs minuscules. Mes collègues et amis praticiens de la *mindfulness* ou de la pleine conscience ont été dépassés par leur succès. Ils incitaient à des expériences de fixation sur l'instant présent. Ils expliquaient comment manger lentement un fruit avec la conscience de son goût, de sa texture, de son trajet dans la bouche et la gorge.

Ils passent maintenant pour des amateurs en ne méditant que quelques minutes par jour. Ils voient arriver une foule de contemplateurs, d'admirateurs sidérés du quotidien. La peur de la maladie a fait prospérer cette fuite dans l'ultra-présent. La persistance de la menace l'entretient. Désormais, on tâche d'oublier les grands enjeux et menaces du présent en zoomant sur des instants que l'on rend importants et met sous cloche. Nous sommes passés d'une technique utile pour la santé, la pleine conscience, à une obsession anxieuse des détails du présent.

Pour renaître, il est temps de renouer une relation plus saine au présent, en y trouvant du plaisir, sans pour autant se croire obligé de s'extasier devant le moindre nuage qui passe ou le premier sourire. Le présent dont nous avons besoin est un présent dynamique, gai, tonique. Il doit nous autoriser à nous fâcher, à nous angoisser, à nous lamenter sans nous sentir victimes de stress post-traumatique. Notre présent nous appartient enfin. Ainsi que les émotions qui vont avec. Une nouvelle technique de renaissance est en train d'émerger. Elle repose moins sur le développement personnel, sur la recherche et la mise en œuvre du meilleur de soi-même. Elle consiste à dire et à se redire : « Je suis comme je suis… J'ai le droit de l'être et j'essaie en restant moi-même de m'adapter aux contraintes et imprévus. » Cette philosophie ou psychologie de l'auto-assumation et de l'auto-tolérance est particulièrement utile dans nos temps de renaissance complexes.

Notre renaissance au présent en temps de pandémie doit intégrer deux particularités. La première est que le présent est souvent aussi pénible voire pire que le passé et on ne sait pas combien de temps il va durer. Dans un modèle de crise classique, tout se passe comme en temps d'orage. Le ciel serein quelques minutes plus tôt est brutalement traversé d'éclairs et nous entendons des coups de tonnerre. La crise nous frappe une bonne fois, nous surprend et puis s'en va, nous laissant à notre renaissance. Le caractère transitoire de la crise est connu dès sa survenue. Aucun orage ne dure indéfiniment et l'on sait dès qu'il éclate qu'il finira par passer. Avec la pandémie installée, passé et présent s'entremêlent, se contaminent. Il n'est pas possible de profiter d'un présent complètement dégagé pour se remettre de son passé. Il nous faut accepter un présent apaisé mais encore zébré de temps d'inquiétudes et de menaces. Cette situation est inédite en psychologie. Elle prend en défaut les techniques classiques de protection du présent après un traumatisme passé.

La deuxième particularité de notre présent de post- et per-pandémie est l'apparition régulière de nouveaux motifs de stress, porté par des mots eux aussi inédits. Faites un simple exercice de vocabulaire pour mesurer ce que subit votre esprit. Listez les mots dont vous ignoriez le sens et l'existence avant le début de la pandémie et que vous avez été obligé d'intégrer dans votre présent. Vous commencez à faire renaître votre présent en nommant les motifs d'inquiétudes qui pourraient l'atteindre.

VOUS AVEZ LE DROIT D'ÊTRE INATTENTIF À L'INSTANT PRÉSENT

À force de vouloir être en phase avec l'instant présent, vous oubliez que les moments de concentration sont utiles – et nécessaires, par exemple, dans les tâches mettant en jeu la sécurité – mais qu'ils ne durent pas. Je vois de plus en plus de femmes et d'hommes se reprocher leurs moindres accès de rêverie et d'inattention. Je vérifie avec eux que ces états ne les mettent pas en danger, quand ils conduisent ou doivent accomplir des gestes de précision. Une fois cette précaution prise, l'inattention doit être banalisée et déculpabilisée. Bien sûr, il y a des cas où les déficits de l'attention empêchent d'apprendre ou de se fixer sur une tâche intellectuelle. Mais, le plus souvent, la rêverie est un moment de décompression protecteur. Elle écarte la tension du présent et nous en ressortons rassérénés. La rêverie ou l'inattention surgissent souvent quand nous lisons, quand nous naviguons sur Internet ou dans les moments d'inaction. Les périodes de confinement nous ont bien entraînés à l'inattention. Nous en avons gardé quelques « séquelles » qui restent des soupapes et en aucun cas des symptômes.

Le présent ne peut pas se vivre en pleine intensité pendant tout le temps où l'on est réveillé. Ce serait épuisant et stressant.

Pour prendre encore plus de plaisir quand vous rêvassez ou êtes inattentif, prenez connaissance des résultats des recherches récentes sur les bienfaits de la rêverie. Les neurobiologistes appellent cet état « *Mind Wandering* », ou errance de l'esprit. Il vous faut faire la différence entre les rêveries ou les inattentions volontaires et involontaires. Les rêveries volontaires, ces moments où l'on laisse son esprit flotter sans but, ces temps en apparence perdus augmentent la créativité. Plus un artiste est capable d'inattention volontaire et de rêverie, plus sa production se révèle originale et personnelle. Les idées jaillissent grâce à l'inattention et les pensées inconscientes trouvent une place plus importante. C'est dans ces périodes que l'on se permet une libre association entre les mots, les projets, les personnes, les images. L'inattention permet aussi de préparer son futur et de préciser ses projets. Lorsqu'on est en apparence inactif, le cerveau est stimulé dans des zones que les périodes de concentration ne mobilisent pas. En outre, ces moments d'inattention sont des révélateurs de nos émotions profondes ou cachées et de nos vrais centres d'intérêt. Comme les rêves, ils ouvrent la porte à ce qui nous importe le plus et que nous ne reconnaissons pas toujours quand nous sommes au maximum de notre concentration. Accepter que l'attention fluctue apaise notre présent. Nous n'essayons plus de nous accrocher en permanence à toutes les sensations et informations. Nous décrochons tranquillement, de temps en temps, en sachant qu'il sera toujours possible de reprendre le fil.

On ne fait que ce que l'on n'a pas le temps de faire

Quand le télétravail au ralenti vous a donné du temps sans compter, au moment où vous ne vous y étiez pas préparé, vous n'avez pas été particulièrement productif. Le présent offert sans limites est en effet moins stimulant que celui que l'on vole entre deux contraintes. Cette expérience de l'inutilité d'un présent sans limites nous donne plusieurs leçons :

- Plaignons-nous moins d'un manque de temps présent que de notre incapacité à en profiter.
- Expérimentons les bienfaits du présent que nous volons en réalisant une tâche compliquée, dans un temps limité, par exemple – juste avant de partir de chez nous, quand nous sommes attendus, au dernier moment, sans nous y préparer, sous la douche ou en balade. Nous sommes alors pressé(e)s, peu concentré(e)s et au maximum de notre créativité du fait de ces contraintes.

TOUTE ÉMOTION EST BONNE À PRENDRE

Maintenant que nous avons pris l'habitude de contrôler notre comportement, d'appliquer les gestes barrière et toutes les autres précautions, nous voudrions faire de même avec les émotions. Nous sommes légitimement exigeants pour la protection de notre corps et nous aimerions aussi maîtriser ce qui se passe dans notre tête. Nous souhaitons d'autant plus atteindre le zen, la tranquillité absolue, que l'environnement nous donne des raisons de nous inquiéter. Si l'objectif d'avoir un esprit parfaitement serein pouvait être envisagé avant la pandémie, il est de plus en plus illusoire en période de crise. Chercher à se tranquilliser à tout prix suffit à générer du stress ou de l'angoisse. Il est fatigant et décourageant de lutter contre son cerveau en espérant l'apprivoiser complètement. Face aux émotions et aux angoisses que vous allez nécessairement rencontrer, je vous propose trois réponses plutôt rassurantes, validées par les dernières recherches :

- Il cst plus inquiétant de ne pas ressentir d'émotion que de ressentir de l'inquiétude ou des coups de tristesse. Tant qu'on s'inquiète, qu'on s'angoisse, qu'on a envie de pleurer et qu'on a peur, c'est que l'on est vivant, réactif, en phase avec l'époque.
- Avec un peu d'entraînement, on peut faire la différence entre une sensation, une émotion parfaitement normales et une perturbation de l'humeur qui se traite.
- Quelques critères simples distinguent l'émotion normale, même négative, même désagréable, d'une maladie qui justifie une aide ou un soin.

Commencez par *accepter toutes les émotions* que vous ressentez

Chaque fois que vous éprouvez de l'inquiétude, de la peur, de la tristesse, vous devez repérer ce signal comme un indice de réactivité de votre cerveau et de votre « machine à produire des émotions ». Certes vous êtes stressé(e) mais vous êtes protégé(e) d'un état bien plus grave. Et chaque fois que vous trouvez un peu de sueur sur votre front, que vos muscles se tendent ou que vous pâlissez face à une nouvelle information inattendue, vous avez la preuve que vous n'êtes pas alexithymique. L'*alexithymie* est en effet pire que le stress. Ce mot a été inventé dans les années 1970 par le psychiatre Georges Sifneos pour décrire les femmes et les hommes incapables (*a*) de lire (*lexi*) leurs émotions (*thymie*). Les alexithymiques ne ressentent pas d'émotions, ne les remarquent pas quand elles sont présentes et n'accèdent pas aux mots qui permettent de les décrire. Ils ont peu de rêveries et restent bloqués sur ce qui est concret, froid, factuel et inaffectif. Dans certains cas, ils ne produisent vraiment pas d'émotions et dans d'autres ils ne reconnaissent pas ce qui se passe dans leur esprit.

Il n'est guère facile ni agréable d'être alexithymique. Les alexithymiques se débrouillent moins bien dans leur vie amicale et amoureuse que les banals anxieux que nous sommes pour la plupart. Ils ont du mal à exprimer ce dont ils ont envie et ce qui les contrarie.

Les chercheurs sur les émotions viennent de faire une découverte qui va faire sourire tous les inquiets de nature qui se rêvent en maîtres zen. Si l'on mesure le niveau objectif d'anxiété avec des échelles et des paramètres biologiques, il est plus haut chez ceux qui ne ressentent pas d'émotion que chez ceux qui en ressentent et les expriment. Tant que vous vous plaignez, que vous râlez, que vous vous inquiétez, c'est que vous êtes vivant et à peu près en forme. Les vraies maladies anxieuses et dépressives, celles qui nécessitent un traitement, sont plus fréquentes chez les alexithymiques. C'est vrai aussi pour les états de stress post-traumatique. À stress égal, les alexithymiques souffrent plus de stress post-traumatique que celles et ceux qui expriment leurs angoisses. L'alexithymie n'est pas bonne pour le cœur et les vaisseaux. Quand on n'exprime pas ses émotions ou qu'on ne les ressent pas, c'est le corps qui trinque en augmentant son adrénaline et sa tension artérielle.

L'alexithymie de *L'Étranger* d'Albert Camus

Le romancier et philosophe Albert Camus avait tout prévu : la pandémie avec son livre *La Peste*, et les dangers de l'alexithymie avec *L'Étranger*.

Au début de *L'Étranger*, un homme apprend la mort de sa mère. Mais il souffre moins de l'émotion du deuil que de son absence d'émotion et de son présent trop vide.
« Aujourd'hui, maman est morte. Ou peut-être hier, je ne sais pas. J'ai reçu un télégramme de l'asile : « Mère décédée. Enterrement demain. Sentiments distingués. » Cela ne veut rien dire. C'était peut-être hier. »
Incapable de vivre au présent, l'étranger va commettre un meurtre sans raison, s'isoler en espérant, une fois qu'il sera condamné à mort, « qu'il y ait beaucoup de spectateurs le jour de son exécution et qu'ils l'accueillent avec des cris de haine ».

Faites la différence entre sensation, émotion et humeur

Les dernières expériences sur la biologie des émotions donnent d'autres raisons d'accepter autant vos moments agréables que vos temps d'inquiétude.

Les ***sensations***, qui viennent de l'intérieur de votre corps, dépendent d'informations périphériques. Vous n'avez pas mangé depuis longtemps. Vous ressentez une sensation de faim par manque de nourriture. Votre ventre gargouille et vous rappelle que vous avez sauté votre petit déjeuner. Vous pouvez éprouver aussi une sensation de soif, de chaud ou de douleur. L'essentiel de ces sensations passe par des zones du cerveau de mieux en mieux connues : le tronc cérébral et le thalamus.

L'***émotion*** est déclenchée par une sensation, une croyance ou une pensée. Vous intégrez le signal extérieur et ressentez, brièvement et normalement, de la peur, de la joie, du dégoût, de la colère, de la surprise ou de la tristesse. Là encore, il s'agit d'une réaction normale, signe que vous êtes connecté à la réalité.

Sensation : Mon cœur s'accélère.

↓

Interprétation

↓

Émotion : J'ai peur

Croyance ou pensée : Je me dis que je suis menacé ou que j'ai fait une erreur

↓

Personnalisation de la menace

↓

Émotion : Je suis triste ou j'ai peur

L'***humeur*** est un état qui dure plusieurs jours ou plusieurs semaines et qui n'est pas directement déclenché par un événement extérieur, une croyance ou une pensée.

Les émotions normales	**Les signes des vraies anxiétés ou dépressions**
Elles sont déclenchées par une information ou un événement	Elles continuent même quand la situation se calme
Elles peuvent s'exprimer	On les tait par honte, culpabilité ou impression qu'elles sont trop graves pour être partagées
Elles incitent à communiquer et à demander de l'aide	Elles incitent à se taire et à se faire des reproches solitaires
Elles durent quelques minutes ou quelques heures	Elles peuvent durer une semaine ou plusieurs mois
Elles *speedent* et mobilisent	Elles figent dans la tristesse ou la peur
Elles donnent envie d'agir, de lutter, de se plaindre	Elles enlèvent l'envie de réagir et toutes les autres envies
Elles donnent l'impression que l'on n'est pas assez aidé ou reconnu	Elles persuadent que l'on ne mérite pas d'être aidé ni même aimé
Elles sont de la faute d'un autre (à choisir dans l'actualité ou le quotidien)	Elles sont de ma faute
On peut s'en distraire	Elles ne peuvent se chasser
On se console en grignotant	Elles coupent l'appétit

La conscience de l'instant présent fait plus de bien que la musique

Une équipe de psychiatres et de psychologues chinois vient de comparer les effets de la pleine conscience de l'instant présent à ceux de la musique. Ils ont testé l'action de ces deux méthodes sur le niveau de stress, sur la bonne humeur et sur la longueur des télomères des globules blancs, un marqueur biologique de santé. La concentration sur l'instant présent est nettement plus efficace que la musique sur l'ensemble des paramètres évalués. Les participants au programme d'instant présent avaient appris à respirer en pleine conscience, à détendre leur corps et leur esprit en cas d'angoisse et à relaxer leurs muscles. En pratiquant ces expériences d'instant présent pendant deux heures et demie par semaine, ils allaient mieux que celles et ceux qui écoutaient de la musique. Le groupe de musicothérapie s'entraînait à reconnaître les émotions produites par la musique, à visualiser des images calmes à partir de la musique et à improviser à la guitare ou aux percussions. Cette étude toute récente est l'une des premières à démontrer l'action de la pleine conscience du présent sur l'esprit et aussi sur la longueur des télomères. Elle incite à travailler comme un vrai traitement sa relation à l'instant présent.

LES TROIS TAMIS DE SOCRATE POUR PROTÉGER SON PRÉSENT

L'histoire nous vient d'un dialogue attribué à Socrate. Un de ses amis l'aborde dans l'agora d'Athènes. Il a une histoire à lui raconter.

— Écoute, Socrate, il faut que je te raconte comment ton ami s'est conduit.

— Arrête de parler ! dit Socrate. Avant que je t'écoute, tu dois répondre à ma question. As-tu passé ce que tu as à me dire à travers trois tamis ?

— Trois tamis ? dit l'ami de Socrate, intrigué.

— Oui, trois tamis. Regardons si ton histoire peut passer par les trois tamis. Le premier tamis est celui de la *vérité*. As-tu contrôlé si ce que tu as à me dire est vrai ?

— Non, Socrate. C'est une histoire que j'ai entendu raconter… Mais…

— Passons au tamis suivant. Tu as certainement fait passer ton histoire à travers le deuxième tamis. C'est celui de la *bonté*. Si ce que tu vas me dire n'est pas tout à fait vrai, c'est au moins quelque chose de bon ?

— Pas exactement, Socrate. L'histoire est drôle mais pas vraiment bonne pour celui qu'elle concerne. C'est même le contraire.

— Alors, dit Socrate, essayons de la faire passer par le troisième tamis. Dis-moi si ce que tu as l'intention de me dire est *utile*.

— Utile ? Pas vraiment, non.

— Eh bien, conclut Socrate, si ce que tu as à me dire n'est ni vrai, ni bon, ni utile, je préfère ne pas entendre ton histoire. Et même pour toi, je te conseille de l'oublier.

Je me sers depuis longtemps de cette histoire des trois tamis dans ma vie personnelle aussi bien qu'en consultation. Elle fait la différence entre les ragots, les exagérations anxieuses ou dépressives, les ruminations inutiles et les pensées ou paroles productrices de bien-être. Par les temps qui courent, les trois tamis sont vitaux pour protéger notre présent. Ils nous permettent de filtrer :

– ce que nous racontent ou veulent nous raconter nos proches ;
– les informations auxquelles nous apportons ou pas du crédit ;
– nos propres pensées et réflexions intérieures.

Il nous suffit de commencer à tamiser paroles, pensées et informations pour alléger notre présent des influences inexactes, nocives ou décourageantes. Après un peu de ménage, un temps de filtrage redonne de l'espace aux meilleures croyances. L'effet est le même que celui du tri ou du désherbage. Il laisse de la place aux plantes que l'on veut protéger ou aux objets de renaissance. Si j'osais, je vous suggérerais même de tamiser aussi quelques-unes de vos relations les plus toxiques, celles qui apportent le plus de mensonges, d'idées inutiles et malveillantes ou de ragots.

RÉHABILITONS LES RITUELS ET LES RENDEZ-VOUS AVEC NOTRE PRÉSENT

Longtemps, les psychologues et psychothérapeutes ont recommandé à leurs patients de ne pas avoir d'habitudes ni de rituels. La femme ou l'homme libre réinventait sa vie chaque jour sans tenir compte de la veille. C'était vrai pour le travail, où il était mal vu d'user de son expérience, de ses trucs et astuces. Les plus grands professionnels innovaient et improvisaient dans un présent qui ne devait rien à leur expérience. Même dans la vie amoureuse, la séduction, la première rencontre valaient mieux que la poursuite routinière et tiède d'une relation déjà établie. On a même décrit l'addiction à la nouvelle rencontre, au besoin de dîner avec un ou une inconnu(e). Ce refus du rituel ou de la durée était le fait de celles et ceux qui sacrifiaient sans scrupule un lien ancien pour le frisson de la nouveauté. Les temps chahutés de la pandémie nous ont offert leur lot de « surprises » et de présent qui n'a rien à voir avec le passé. Au milieu de la tempête, nous avons découvert le pouvoir apaisant du rituel, du rendez-vous avec soi, avec un ami, un parent, un amour. On profite d'autant mieux de l'instant présent qu'on l'accompagne d'émotions connues ou reconnues.

Les femmes et les hommes que je rencontre ont presque tous gardé de leurs crises personnelles et de la pandémie, tel un talisman, un rituel, une habitude, une manie. Quand ils me demandent quoi faire de ce rituel, je les invite à le poursuivre, à condition toutefois qu'il ne soit pas trop toxique pour leur santé et ne les oblige pas, par exemple, à boire ou fumer tous les soirs. Nous nous sommes aperçus, une fois que le présent est devenu imprévisible, du pouvoir apaisant des rituels. Continuons à en profiter. Plutôt que de les cacher comme s'ils étaient des symptômes, dégustons-les comme des moments hors du temps, pour justement nous replonger dans le présent.

Pour qu'un rituel illumine votre présent, trois conditions sont nécessaires :

- Il ne doit pas être trop long et ne pas excéder un quart d'heure environ.
- Il restera un temps suspendu dans votre journée pour que celle-ci ne se transforme pas en une succession de rituels bloquant toute activité nouvelle.
- Vous devrez vous autoriser à laisser tomber parfois votre rituel. Sinon, l'habitude devient une contrainte, une protection personnelle, une superstition. Vous n'avez plus de plaisir à l'accomplir mais seulement peur de l'interrompre.

Les rituels les plus apaisants recourent aux boissons chaudes, bues tranquillement, en pleine conscience de l'instant présent, accompagnées d'une musique en résonance avec vos émotions.

Vous avez peut-être déjà découvert votre boisson préférée et votre mélodie apaisante pendant la pandémie. Retrouvez-les même quand le présent se calme un peu. Une marche de quinze minutes, quelques secondes de silence ou, plus simple encore, un appel à un proche, parent ou ami, avec lequel vous avez installé une complicité rituelle, peuvent également vous apaiser. Les premiers appels vous ont peut-être paru longs. Vous n'étiez pas encore coutumier de la rencontre et de l'échange. Sitôt l'habitude prise, la communication devient facile, et rompre cette relation vous manquerait.

Le dernier rituel indispensable à la dégustation du présent est le *rituel de lecture*. Vous y sacrifiez si vous tenez ce livre entre vos mains. Même avec moins de temps, un présent plus bousculé, essayez de retrouver le rituel refuge de la lecture que vous avez expérimenté dans les plus grands temps de détresse personnelle. Osez des livres plus épais que d'habitude. Osez les genres littéraires a priori pas faits pour vous. Osez enfin la pause lecture incongrue dans un moment présent où vous devriez être le plus productif. Vous ne perdez pas de temps. Une fois le livre refermé, vous serez plus concentré, plus détendu et plus créatif.

Le présent est le temps des sages

La marquise du Deffand, esprit libre du XVIIIe siècle, ne trouvait de grâce qu'au présent. Par élimination, seul ce temps comptait pour elle. Il était le temps des sages. « Les sots, écrivait-elle, parlent beaucoup du passé, les sages du présent et les fous de l'avenir. » Elle déconseillait de se plaindre de son présent, surtout à ses amis. « Ne contez pas votre bonheur aux amis pour ne pas faire d'envieux. Ne leur contez pas vos tristesses pour ne pas faire d'heureux. »

UNE RECETTE MAGIQUE DE RENAISSANCE AU PRÉSENT

Pour vivre pleinement le présent, malgré tous les stress, il vous faut de l'activité physique et des aliments protecteurs. Les femmes et les hommes qui bougent au moins trente minutes par jour résistent mieux aux secousses du présent, sont en meilleure forme et de meilleure humeur. Même les psychothérapies sont plus efficaces quand, en plus d'un travail sur son esprit, on fait bouger ses muscles. Vous avez forcément entendu parler des bienfaits de l'exercice physique. Je vous les rappelle seulement.

Vous savez peut-être moins que certains aliments changent la couleur émotionnelle du présent, le rendent plus agréable, plus souriant et détendu. Deux recherches récentes expliquent les effets de nos repas sur notre présent. La première démontre que les molécules nécessaires à la bonne humeur, comme la *sérotonine*, sont fabriquées à partir de ce que nous mangeons. Si pendant quelques jours on prive des rats de tryptophane (molécule de base qui est contenue, entre autres, dans le chocolat, les fruits secs, le soja), ils perdent toute énergie. Ils n'arrivent plus à fabriquer de sérotonine, cette molécule essentielle à notre énergie, produite à partir du tryptophane que nous mangeons. Cela dit, vous n'avez nul besoin de surcharger en tryptophane votre régime pour être de meilleure humeur. Toute alimentation normale couvre largement les besoins de base en tryptophane – aucun de nous n'est exposé à ce régime expérimental sans tryptophane.

Il existe un autre lien entre nos émotions présentes et notre alimentation : le *microbiote*, ou la flore intestinale. Le microbiote dans notre intestin dépend entre autres de ce que l'on mange. Ses effets sur les humeurs sont en train d'être découverts. Il détermine le risque d'anxiété ou de dépression.

Trois aliments de base agissent sur nos émotions présentes : l'*isoflavone*, le *magnésium* et les *fruits et légumes* frais. Une série d'expériences très récentes révèle que nous avons besoin d'une dose minimale de ces trois composants pour rester en forme. Si vous voulez profiter des effets des trois aliments stimulants à la fois, vous pouvez vous préparer une recette magique d'émotions positives : une mousse au chocolat au tofu soyeux agrémentée de fruits de saison. Le tofu est l'aliment le plus riche en isoflavone, le chocolat en poudre non sucré contient le plus de magnésium. Et pour les fruits, choisissez ceux que vous aimez et que l'on trouve facilement.

Une recette « miracle » sur les émotions présentes à base de chocolat et de tofu soyeux

Achetez 400 g de tofu soyeux – plus crémeux que le bloc de tofu. Incorporez-le à 200 g de cacao en poudre non sucré auxquels vous ajoutez quelques gouttes de lait de soja et des noisettes, autre apport en magnésium. Mettez une cuillère à soupe de sucre vanillé.

Vous mélangez le tout et vous le laissez refroidir dans un bol ou des ramequins pendant trois heures. Vous apportez sur la table un cocktail détonant des trois aliments les plus stimulants de l'énergie, de l'émotion et de l'instant présent : le *magnésium* du chocolat, l'*isoflavone* du tofu et les *fruits*. Servez cette mousse avec un ou deux fruits frais de saison ou avec une salade de fruits. Bien sûr, l'effet n'est pas immédiat mais, en répétant cette expérience agréable, vous savourez sans risque chocolat et instant présent.

En pratique ?

Plutôt que de lutter pour faire de chaque instant banal une fête inoubliable, préservez quelques rituels, organisez-vous de vrais moments de fête qui éclaireront votre présent et concoctez-vous des recettes de santé.

MESUREZ VOTRE APTITUDE EN TEMPS DE CRISE OU APRÈS UNE CRISE À INVESTIR LE PRÉSENT

Lisez les 10 propositions qui suivent.

Cochez celles qui correspondent à ce que vous ressentez ou ce que vous croyez.

1. Il m'arrive de ressentir une émotion et de ne pas en prendre conscience.
2. Depuis la crise, je suis plus inattentif, je casse et je renverse plus d'objets.
3. Quand je lis ou quand je regarde un film j'ai des difficultés à rester concentré(e).
4. J'oublie souvent le nom des personnes que l'on me présente parce que je ne fais pas attention.
5. Quand je rentre chez moi, je ne me souviens pas du tout du chemin que j'ai pris pour arriver.
6. J'agis souvent en mode automatique sans me rendre compte de ce que je suis en train de faire.
7. Par moments, ma réflexion sur l'avenir m'empêche de m'intéresser au présent.
8. Je pense tellement souvent aux crises que j'ai connues que je passe à côté du présent.
9. Je peux finir un plat sans me rendre compte que j'ai mangé.
10. Il m'arrive d'avoir des douleurs dans une partie de mon corps et de ne pas m'en apercevoir avant plusieurs heures.

Calculez le nombre de propositions auxquelles vous avez répondu OUI parce qu'elles correspondaient à votre état et à ce que vous ressentez.

Ajoutez un point par réponse positive.

La somme mesure votre degré de concentration ou d'indifférence face au passé.

Si votre score est compris entre 0 et 4 vous êtes parfois troublé(e) par les crises récentes que vous avez connues, mais vous n'abandonnez pas le présent. Vous continuez à vous y intéresser. Vous n'avez pas lâché votre quotidien, vos proches, vos activités, ce qui se passe dans votre corps et dans votre esprit.

Entre 5 et 8, le présent compte moins pour vous que le souvenir de la crise que vous avez connue. Vous flottez assez souvent dans un état indifférent ou automatique. Reprenez les expériences du chapitre sur le présent et mettez-les en pratique. Au début, elles risquent de vous paraître difficiles, mais elles vont vous aider à trouver de nouveaux rendez-vous avec vous-même et avec l'instant présent.

Entre 9 et 10, vous avez vraiment décollé de l'actualité. Demandez-vous si cette échelle vous a révélé cet état d'absence du présent ou si vous le saviez avant. Il est maintenant urgent pour vous de vous exercer à apprécier, goûter et ressentir le présent.

LE FUTUR

Croire au futur
de manière réaliste sans pessimisme
ni insouciance dangereuse

Les experts en statistiques et en épidémiologie prédisent ou plutôt essaient de prédire le futur. Les expériences de renaissance que je vous présente vous aident à anticiper le futur sans insouciance mais sans excès de pessimisme. Une relation apaisée au futur ne va plus de soi. Depuis le début de la pandémie et même avant avec les autres menaces, ce que nous avons le plus perdu est un futur rassurant. Nous ne pouvons plus le prédire et nous osons à peine y penser. Toutes celles et tous ceux qui se sont hasardés à des pronostics se sont ridiculisés. Ils se sont attiré, au choix, agressivité ou moquerie. Rarement les prédictions ou analyses sont apparues aussi fausses en quelques jours. Quand les dangers de la pandémie s'éloignent, ceux du réchauffement climatique reprennent de la vigueur. Tant que vous vous livrez à l'anticipation dans un registre privé, vous ne risquez pas grand-chose. Vos proches seront ou ont été charitables en oubliant vos pronostics et vos petites ou grandes erreurs. Ils ne vous ont pas enregistré et ils n'ont rien noté. Mais sitôt que votre avis est partagé, en ligne par exemple, ou sur un écrit qui ne peut plus être corrigé, vous êtes en danger. Vous êtes condamné à devoir vous excuser pour ce que vous avez anticipé à tort et qui n'est pas arrivé. Vous devez aussi expliquer comment vous avez pu oublier un fait essentiel que vous n'avez pas vu venir. Dans ces temps de futur peu prévisible, il ne fait pas bon être expert ou en charge d'une décision. La position du commentateur anonyme est plus confortable.

Même si notre métier n'est pas, pour la plupart d'entre nous, de planifier l'avenir, nous avons tous besoin de prévoir. Toute crise rappelle le mélange des temps et l'importance de l'anticipation sur les émotions présentes. Elle nous ramène à une réalité banale mais oubliée dans notre conjugaison individuelle et collective. Aucune activité ne se conjugue sans futur. Nous devons tous faire des projets, qu'ils soient personnels ou professionnels. C'est une des conditions obligatoires de la santé du corps, de l'esprit et de l'économie. Et nous regardons nos projets avec d'autant plus de légèreté qu'ils nous semblent assurés. Même quand nous mangeons, nous négocions avec le futur. Je mange parce que j'ai faim et parce que je choisis de me faire plaisir. Je mange aussi pour éviter d'avoir faim plus tard dans la journée et pour que mes repas soient bons pour ma santé future. Je nourris autant mon moi d'aujourd'hui à table que le moi de demain que j'espère renforcer. C'est pareil pour le travail et l'argent qu'on attend. Il y a dans tous nos choix une part de pari sur ce que l'on engage dans un avenir proche ou lointain.

L'actualité récente et en cours nous a mis dans la situation d'un conducteur piégé par le brouillard sur une route de campagne. Face à ce brouillard, j'ai vu, dans mon travail et ma vie personnelle, trois réactions. Les plus raisonnables ralentissent, allument leurs codes et s'adaptent à la perte de visibilité. D'autres s'arrêtent, tétanisés à l'idée de ne pas avoir autant d'informations que d'habitude. Pour tenir le volant ou prendre des décisions, ils ont besoin de pouvoir anticiper les effets de leurs gestes. Les derniers nient la présence du brouillard et conduisent comme s'ils avaient un maximum de visibilité. Secrètement, ils aiment le piment et le parfum d'aventure que leur donne une route ou un futur qui leur échappe.

Les trois réactions face à un futur imprévisible

La prudence et le ralentissement.
La sidération et l'arrêt.
La fuite en avant.

LES PSYCHOTHÉRAPEUTES INVITENT À LA PRÉVOYANCE

Mon métier et ma pratique ont radicalement évolué en quelques semaines. Nous ne traitons plus de la même manière la relation au futur. Avant la pandémie, tout était à peu près simple. Les anxieux, les névrosés, les dépressifs se reconnaissaient à leur tendance à anticiper le pire. Ils grossissaient un détail et y trouvaient une menace. En face d'eux, j'essayais de les convaincre qu'ils s'inquiétaient à tort. Si je vous résume une de mes consultations de psychothérapie classique avec un anxieux avant l'épidémie, le dialogue s'établissait à peu près comme cela :

— Je m'attends au pire.

— Sur quels arguments ?

— Je transpire, je me demande si je ne couve pas une infection.

— Ne vous accrochez pas à ces détails. Vous êtes en bien meilleure santé que vous ne le croyez.

— Quand même, je ne suis rassuré que si je prends ma température tous les jours.

— Arrêtez de vous examiner, vous allez bien et vous allez rester en forme. J'espère bien que, dans quelques séances, vous vous examinerez moins.

— Oui, mais je ne suis pas serein. J'ai la vague impression d'être menacé.

— C'est une sensation. En réalité, vous ne risquez rien.

Aujourd'hui, le dialogue en consultation a changé. Nous infusons autant de précaution que de réassurance. Un dialogue nouveau s'établit :

— Finalement, je ne me sens pas tant que cela en danger.

— Vous avez peut-être tort. Vous n'avez pas lu les dernières recommandations du ministère ou des autorités sanitaires ?

— Je me demande si je suis personnellement concerné par les dernières menaces.

— Vous devriez étudier de plus près les avis des épidémiologistes et des virologues. Il faut vous protéger, porter un masque, respecter les distances physiques.

Les psychothérapeutes, qui avaient pour objectif principal d'empêcher les anxieux de regarder le futur à trop long terme ou avec trop de vigilance, ont revu leur copie. Ils doivent naviguer entre deux eaux : encourager l'optimisme tout en incitant à la précaution. Le bon thérapeute d'hier savait rassurer. Celui d'aujourd'hui enseigne en plus la prudence et la tolérance à l'imprévu.

RENFORCER SON CÔTÉ CANAILLE

L'apparition d'un danger personnel ou collectif change notre relation au risque. Pendant longtemps mes consultations comportaient un temps de contrôle des risques. Je posais des questions sur tous les risques possibles et donnais des idées sur la manière de les éviter :

- Exposez-vous votre santé avec le tabac ou l'alcool ?
- Prévenez-vous les risques d'infection avec les vaccins ?
- Prévenez-vous les risques d'infections sexuellement transmissibles ?

Aujourd'hui, les conseils de prudence restent utiles. Mais ils doivent être complétés d'idées permettant de tolérer les risques à venir parfois inévitables. Il ne suffit plus d'être prudent et prévoyant. Devant une menace nouvelle, il faut aussi développer en soi une part d'esprit canaille et de tolérance à l'aventure. Il y a environ trente ans, un psychologue américain, Marvin Zuckerman, avait décrit un trait de caractère qui déterminait notre relation à la nouveauté, au risque et au futur : la recherche de sensations. Ses expériences expliquent pourquoi et comment les temps de crise sont plus favorables aux canailles, aux aventuriers qu'aux obsédés de la maîtrise. Marvin Zuckerman avait identifié quatre facettes du caractère canaille ou amateur de sensations fortes :

- le goût de la nouveauté,
- la peur de l'ennui,
- l'attrait pour l'aventure,
- la désinhibition.

Dans une époque troublée, les chercheurs de sensations fortes sont paradoxalement protégés, moins remis en question par l'imprévisibilité. Avec sa part d'inconnu, le futur est pour eux plus un défi qu'une source d'inquiétude. Ils sont prêts à essayer, innover, tester des solutions inédites. Porter un masque ou inventer des relations sans se toucher est une expérience nouvelle et stimulante.

Il y a bien un temps pour tout. Après le temps des prudents et des organisés vient le temps des débrouillards. Les échelles de recherche de sensations fortes montrent si nous sommes plutôt canailles ou routiniers. En psychologie, ces traits de personnalité sont des dimensions et non des catégories. On n'est jamais complètement l'un ou l'autre. Chacun de nous a une tendance, plus ou moins prononcée, soit à vouloir contrôler, anticiper le futur, soit à préférer improviser ou se faufiler entre les gouttes.

Biologie de la canaille

Les recherches récentes en psychologie essaient de comprendre ce qui nous rend aventureux ou prudents. On apprécie d'autant plus les sensations fortes que l'on a un taux de *dopamine* augmenté dans les zones clés du cerveau qui contrôlent les comportements. La dopamine est la molécule du mouvement, du désir et de la projection vers le futur en dehors de sa zone de sécurité. Celles et ceux qui manquent de dopamine dans le cerveau souffrent d'une maladie du mouvement appelée la maladie de Parkinson. Ceux qui ont une dopamine trop active sont fascinés par le risque, le danger et les expériences nouvelles. Nous savions que la dopamine était la molécule de l'activité et de la nouveauté. Par le pouvoir d'adaptation qu'elle apporte à un futur incertain, elle sera peut-être aussi celle de la renaissance.

Les canailles ou amateurs de sensations fortes ont également un « cerveau endormi » avec un rythme cérébral de base trop calme. Ils ont besoin d'expériences stimulantes pour se motiver et se réveiller. Le seul futur qu'ils tolèrent est celui qui diffère de ce qu'ils ont déjà vécu. Ils redoutent plus la monotonie que les risques éventuels. Le risque, ils y trouvent même du plaisir et un effet de stimulation. Il y a quelques années, on leur reprochait d'être casse-cou. Aujourd'hui, on se dit qu'ils sont armés pour affronter l'inattendu. À l'opposé, les adeptes de la sécurité ont un cerveau normalement actif, voire trop actif. Ils passent beaucoup de temps à faire des plans sur la comète et à prévoir ou préparer leur futur. Tout imprévu ou annonce d'imprévu met leurs neurones en surchauffe. Pour être heureux une lecture ou une conversation animée leur suffisent. Trop de stimulation ou de mouvement les inquiète, les tétanise même. Imaginez comment leurs neurones réagissent aux annonces sur la pandémie, ses vagues et ses conséquences !

On a tous en nous quelque chose de canaille

Toute notre éducation nous a enseigné à fuir les sensations fortes. Il fallait préparer les examens, les oraux, les devoirs. L'école n'a pas changé, mais les règles de survie ont évolué. Nous devons nous entraîner à l'aventure, au jeu, à l'improvisation. Pour cela, nous pouvons nous inspirer des recherches sur la biologie de la canaille.

Voici quelques expériences que vous pourrez mettre en pratique :

- Adressez la parole à une personne inconnue dont le statut ou l'apparence a priori ne vous rassurent pas.
- Écoutez pendant une quinzaine de minutes une musique qui n'est pas votre genre préféré en mesurant les effets de surprise ressentis.
- Suivez pendant quinze minutes une performance artistique improvisée (théâtre, musique, danse) dont ni vous ni l'artiste ne savez comment elle va se terminer.
- Improvisez vous-même soit en art, soit dans un moment partagé avec votre famille ou vos amis.
- Découvrez une cuisine d'un pays que vous ne connaissez pas et goûtez-la.
- Inversez l'ordre habituel des plats de votre repas, en commençant par le dessert et en terminant par l'entrée.

- Passez un moment avec des femmes ou des hommes qui n'ont pas les mêmes opinions que vous.
- Sortez avec un vêtement dont la forme ou la couleur ne correspondent pas à votre style habituel.

Ces expériences de recherche de la nouveauté ne doivent cependant pas conduire à des comportements absurdes. Oser une expérience inédite fait du bien. Refuser les évidences de la prévention et de la santé publique est juste irresponsable et criminel pour soi et les autres.

En pratique ?

L'esprit canaille est un atout en période incertaine. Il encourage une attitude plus détendue face au futur. Vous pouvez vous entraîner à sortir de votre zone de confiance sans prendre pour autant de risques majeurs. Ces expériences nouvelles ou surprenantes vaccinent contre l'imprévisibilité du futur. Choisissez-en quelques-unes que vous pourrez tester et tenez le registre de vos défis, innovations et remises en question.

COMMENT APPRENDRE À TOLÉRER UN FUTUR INCERTAIN

Une autre manière de vivre avec le futur est la *tolérance à l'incertitude.* Plus on la tolère, moins on est anxieux. Si l'on demande à des volontaires de mesurer leur tolérance à l'incertitude sur une échelle, les hommes et les femmes les plus inquiets et les plus tristes ont les scores les plus bas de tolérance.

Il y a deux grandes manières d'envisager le futur. La première est défensive et uniquement protectrice. On ne se rassure que par la maîtrise : « J'espère que ce qui va arriver sera exactement ce que j'ai prévu, ce que j'ai préparé, ce à quoi je m'attends. » On peut imaginer à quel point, en temps normal et calme, cette relation au futur expose à des déconvenues. Au travail, dans la vie personnelle, familiale et amoureuse, les moments prévisibles sont finalement plus rares que les surprises, bonnes ou mauvaises. En temps d'épidémie et de post-épidémie, ce sont celles et ceux d'entre nous qui ont le plus besoin de maîtrise qui souffrent le plus des soubresauts de l'actualité. Une deuxième attitude plus protectrice consiste à tolérer une part d'imprévisible et à accepter le poids du destin, des événements inopinés dans le champ personnel ou au niveau de la planète.

Cinq étapes pour faire progresser votre tolérance à l'incertitude et augmenter significativement vos capacités de résistance

1. Accepter que la tolérance au futur incertain est bonne pour la santé

Les échelles mesurant l'incertitude de manière objective montrent un degré plus élevé de ce trait de personnalité chez les plus anxieux et les plus obsessionnels d'entre nous. L'intolérance à l'incertitude n'est pas bonne non plus pour la santé physique. Elle augmente le stress et la pression artérielle. Le qui-vive est une attitude de défense qui se transforme vite en tension puis en épuisement.

2. Estimer son degré de tolérance à l'incertitude du futur pour le faire évoluer

Une chercheuse de l'Université de Floride a trouvé une manière étonnante de tester la tolérance à l'incertitude. Elle vous installe dans une salle d'attente et vous annonce que vous allez devoir faire une conférence de cinq minutes sur un sujet compliqué face à un public difficile à convaincre. Vous choisissez le sujet et vous le préparez. À partir de là, la chercheuse compare deux formes de stress. Dans un cas, vous êtes sûr que dans la demi-heure qui suit vous allez devoir vous exprimer en public. Dans le deuxième cas, on vous dit qu'on va tirer à pile ou face le fait que vous parliez ou pas en public.

Quelle est la situation qui vous ferait le plus peur ? Devoir affronter une situation angoissante ou être dans l'incertitude ?

Reprenons les deux situations. Dans le premier cas, vous êtes certain(e) que vous allez passer un sale quart d'heure et dans le deuxième vous attendez le résultat du tirage au sort avec une chance sur deux d'être tranquille et autant d'être exposé(e). Cette expérience donne trois informations sur votre relation au futur :

- Avez-vous plus peur d'une menace certaine ou d'une menace incertaine ?
- Le fait d'avoir une chance sur deux de s'en tirer sans danger dans un futur proche est-il pour vous une option rassurante ou inquiétante ?
- Le fait de ne pas savoir ce qui va vous arriver dans les jours ou heures qui viennent est-il plus grave que la certitude de devoir traverser un moment de stress ?

Testez votre propre tolérance à l'incertitude

Imaginez qu'à votre travail on vous annonce que vous avez une chance sur cent de vous retrouver sans emploi à la fin de l'année.

– Êtes-vous plutôt content parce que vous avez 99 % de chances de garder votre emploi ?
– Êtes-vous énervé ou triste à cause du 1 % de risque ?

Appliquez ensuite cette question aux risques financiers et médicaux pour savoir comment vous réagissez dans d'autres domaines que le travail.

Autre exemple : vous recevez un bilan de santé indiquant que vous avez 1 % de risque d'être malade. Comment prenez-vous la nouvelle ? Êtes-vous :

– Inquiet de ce 1 % de risque ?
– Content des 99 % positifs ?
– Hésitant entre les deux ?

Il est également possible de mesurer son intolérance à l'incertitude en analysant ses réactions à une nouvelle agréable.

Imaginez que vous ayez acheté un ticket de loterie et le jackpot rapporte plusieurs millions de dollars.

– Préférez-vous savoir tout de suite si vous avez gagné ou perdu ?
– Voulez-vous attendre plusieurs semaines, ou mois, en vous laissant la possibilité de croire que vous avez gagné ?

3. Accepter que la menace d'une épreuve angoisse autant que l'épreuve elle-même

Quand les chercheurs ont comparé les deux scénarios – la certitude de devoir passer un oral dans un futur proche ou la possibilité de le passer après tirage à pile ou face –, ils ont été surpris. Ils se sont aperçus que l'on a autant peur dans les deux cas. On se sent aussi menacé avec une chance sur deux d'être soumis à une épreuve que si l'on est certain d'y être exposé. En conclusion, l'incertitude n'augmente pas la peur mais ne la diminue pas non plus.

Si l'on veut appliquer ces résultats à notre futur, on en déduit que la simple possibilité d'un danger médical ou économique angoisse tout autant qu'un danger dont on est complètement sûr. Chaque fois qu'un risque nous est présenté dans le futur, même avec un faible pourcentage de chances qu'il se réalise, notre esprit oublie la proportion et la probabilité. Il traite le risque comme s'il était de 100 %. De manière raisonnable, nous savons bien que le pire n'est jamais certain. Que nous le voulions ou non, nous n'intégrons pas les statistiques et nous nous inquiétons autant d'une menace rare que d'une réalité certaine. D'ailleurs, des chercheurs californiens vont plus loin dans l'analyse de l'incertitude. Quand un danger est grave, le taux de risque compte encore moins. La simple annonce d'une catastrophe possible suffit à stresser.

4. Développer sa patience et son sens des statistiques

Il est possible de réduire sa peur du futur en apprenant à mesurer différemment le risque. La tranquillité qui nous rassurait jusqu'à maintenant était une tranquillité à 100 %. Il va falloir intégrer pour le futur une nouvelle lecture des statistiques. Un risque de seulement 1 % est une bonne nouvelle. C'est plus une garantie qu'une menace. Cette acceptation d'un risque minime n'est pas habituelle ni naturelle. Si je vous dis qu'il y a une chance sur 100 000 qu'un lion entre dans la pièce où vous êtes en train de lire, vous allez poser votre livre et vous retourner vers la porte. Vous ne parviendrez pas à penser à autre chose qu'au lion. C'est pourtant bien à un risque, minime certes mais toujours présent, qu'il va falloir s'habituer.

Après s'être entraîné à compter, il faut muscler sa patience. Voici quelques situations sur lesquelles vous pouvez vous entraîner. Elles ont été choisies par des spécialistes de la relation au risque et au futur.

Vous suivez avec passion une série en ligne ou à la télévision. On vous annonce que la dernière saison ne sera diffusée que dans plusieurs mois.

Vous acceptez d'attendre tranquillement plutôt que de lire des révélations ou *spoilers* pour connaître le dénouement avant la diffusion.

Votre compagnon ou votre compagne a prévu pour vous un petit séjour de vacances en amoureux qu'il organise complètement et en secret.

Vous découvrez la destination le jour du départ sans le/la harceler à l'avance pour en apprendre davantage.

Vous trouvez par hasard dans une armoire un cadeau dont vous comprenez qu'il vous est destiné, probablement pour votre anniversaire.

Vous attendez qu'on vous l'offre sans essayer de deviner ce que contient le paquet.

5. Exercices d'« anti-maîtrise du futur »

Continuez votre désintoxication de la maîtrise avec d'autres exercices. Je vous suggère un programme inspiré de psychologues canadiens :

- Régler tout de suite un conflit avec un ami même si l'on n'est pas certain de sa réaction et si on craint de ne pas le convaincre.
- Déléguer vraiment une activité à une personne de son entourage en acceptant que ce soit éventuellement moins bien fait que si on l'avait fait soi-même.
- Faire de temps en temps un repas moins sain et moins équilibré que d'habitude.
- Choisir un livre, un film ou une destination de vacances sur un coup de tête sans s'être assuré au préalable de ne pas se tromper.
- S'interdire pendant une semaine les questions que l'on pose habituellement à son entourage pour se rassurer.
- Arriver en retard, manquer une obligation et ne pas s'excuser.
- Sortir de chez soi sans rien vérifier, ni la porte ni les lumières.

LES UTOPISTES L'EMPORTENT SUR LES PRODUCTIVISTES

Quand je reçois une femme ou un homme en attente de plus d'efficacité, de productivité, quelqu'un qui espère gagner grâce à moi du temps et plus d'argent, je lui explique à quoi sert un travail sur soi et comment il agit. Je lui dis que si elle me fait confiance, son futur a une chance d'être plus détendu, plus tranquille. Je l'avertis qu'elle ne sera sans doute pas plus « performante » ou « efficiente », comme on dit parfois en entreprise. Une thérapie et toute réflexion sur soi changent le regard sur le futur. Elles enseignent l'importance du temps perdu, des erreurs apparentes suivies de réussites, de la recherche de sens à long terme plus que des réussites rapides. Longtemps, cette proposition de moindre efficacité dans le futur semblait incompréhensible. Je voyais celle ou celui à qui j'en parlais hésiter et se poser des questions. Est-ce une provocation ? Quelle idée étrange de la part de quelqu'un qui est coupé de toute réalité économique ! Vient-il d'une autre planète pour me proposer d'être plus lent et moins productif ? A-t-il vraiment compris mon projet pour le futur ?

L'épidémie et ses bouleversements sur le corps, l'esprit, l'économie et la manière de travailler ont rebattu les cartes. Même les plus obsédés par la réussite ou l'efficacité acceptent de revenir à l'essentiel. Comme les bénéfices de demain sont difficiles à prévoir, le temps long et l'utopie reprennent leurs droits et avec eux un des objectifs de toute réflexion sur soi : remplacer les *objectifs* du futur proche par des *valeurs* situées dans un futur plus lointain.

Préférer les valeurs du futur éloigné aux objectifs du futur proche

Ce simple changement de relation au futur offre un étonnant gain de sérénité. Quand tout vous paraissait calme, l'*objectif* et la performance immédiate étaient vos mauvais génies. Ils ont fait oublier ce qui fonde une réussite plus durable. L'objectif lance des défis à court terme et impose des sprints que l'on termine à bout de souffle. Quand les entreprises veulent se développer trop vite, elles se fixent des objectifs ambitieux. Souvent, ces objectifs sont inutiles et intenables. Ils n'augmentent pas l'activité ; pis, ils font flamber le stress ou le *burn-out* des salariés. Ils sont encore plus inadaptés aux temps que nous venons de traverser. La vanité des objectifs est aussi nette dans la vie personnelle, en famille, pour le sport ou toute autre activité. Dès qu'on se fixe un objectif à court terme, on crée le risque de ne pas l'atteindre et on monte en pression.

La *valeur à long terme* produit l'effet inverse de l'objectif : elle est bénéfique et protectrice. Elle résiste aux accidents et aux imprévus. Revenir à ses valeurs fait avancer sans accroître le stress. Les valeurs sont le reflet des désirs les plus profonds et les plus authentiques. Remplacer ses objectifs par des valeurs ramène à l'essentiel. Vous allez voir comment quelques questions simples vous aideront à repérer vos valeurs et à quel point celles-ci ont résisté aux contraintes récentes.

Découvrez ce qui est vraiment important pour votre futur et votre renaissance

- Quelles sont les personnes qui donnent le plus de sens à ma vie ?
- Qu'est-ce qui est le plus important pour moi, qui l'était l'an dernier et qui le restera ?
- Quelle est la personne que je veux vraiment devenir quels que soient les retards pris à cause de l'actualité ?
- Quelles sont mes principales forces, celles dont je me suis le plus servi et dont je vais continuer à me servir ?

Prenez l'exemple des vacances et des voyages. Vous devez composer avec des contraintes, des limitations de déplacement et des dangers. Quel sera l'effet de l'empreinte carbone et de bien d'autres risques ? Nul ne peut le prédire. Est-ce à dire que vous ne voyagerez plus dans le futur ? Certainement pas. Mais vos voyages de renaissance répondront davantage à vos valeurs et à ce que vous souhaitez profondément. Les *objectifs*, ce sont tous les paysages qu'il faut voir, les monuments à visiter, les personnes à rencontrer. Ils risquent d'être bloqués ou ralentis. Les *valeurs*, c'est la destination que l'on s'est choisie, la manière dont elle va nous faire du bien et nous transformer. Si nous voyageons selon nos valeurs, nous nous imposons moins de contraintes. Plus de visites obligatoires, de programme obligé. Plus besoin de rapporter une tonne de clichés. Nous passons du programme contraint à une recherche plus « nourrissante » et dont on profite plus longtemps. Nous pourrons répondre en souriant à toutes les questions amicalement perfides sur la réalisation de nos objectifs :

Vous avez eu beau temps ?
Vous n'avez pas pris trop de risques ?
Vous connaissez votre bilan carbone ?

Passer du mode « faire en urgence » au mode « être »

Les thérapies fondées sur le sens nous apprennent à passer en mode « être à long terme ». Leurs pratiques sont particulièrement adaptées à la sortie de l'épidémie. Elles sont nées de la résistance aux guerres et autres calamités du siècle dernier. Elles restent indispensables et apportent renaissance autant que « lâcher prise ». Le mode « faire en urgence » ou « faire de plus en plus » ou encore « faire de moins en moins cher » était notre objectif quotidien et se situait dans un futur proche. Nous pouvions mesurer la distance entre l'endroit où nous étions et l'endroit où nous voulions aller. Nous renaissons par l'*être* et le *long terme*. Cette projection dans un futur éloigné est moins naturelle mais elle peut s'encourager.

Exercices d'être et de futur lointain

- Considérez les reproches et commentaires que vous vous faites comme des *voix parasites et trompeuses*. Quand vous vous accusez de ne pas avoir accompli ce qui était prévu dans votre futur proche, vous vous trompez dans votre mode d'analyse.

- Regardez vos *pensées* aller et venir comme les *nuages dans le ciel*. En étant plus contemplatif, vous laissez plus de chance à un futur riche en valeurs.

- Inspirez-vous de quelques phrases de sagesse qui peuvent trouver une résonance actuelle. Elles viennent des philosophies orientales plus que de pratiques cherchant l'efficacité à court terme :
  « Notre plus grande gloire n'est pas de tomber, mais de savoir nous relever chaque fois que nous tombons. »
  « Ne vous souciez pas de n'être pas remarqué ; cherchez plutôt à faire quelque chose de remarquable. »

- Cultivez les valeurs de souplesse de Groucho Marx :
  « Voici mes principes, les principes de ma vie. Mais s'ils ne vous plaisent pas, j'en ai d'autres. »

Une expérience récente démontre les bienfaits des valeurs et du temps long comparés aux objectifs trop précis d'un futur proche. On a demandé à des volontaires de résoudre des exercices de calcul mental. Les chercheurs se sont aperçus que plus on se fixe d'objectifs à court terme ambitieux ou intenables, plus on est triste. Celles et ceux qui cherchent à résoudre en quelques minutes tous les problèmes qu'on leur pose sont de plus mauvaise humeur que ceux qui ont confiance en leurs valeurs et ne se mettent pas sous pression à chaque problème devant être résolu.

Apprendre la différence entre futur proche et lointain en s'inspirant d'un chauffeur d'autobus

Il y a dans chaque chauffeur de bus un maître en gestion du temps. Pour durer dans le métier, il doit avoir plus de valeurs que d'objectifs. En l'observant, vous apprenez ce que veulent dire la *patience*, la *tolérance* et les *valeurs à long terme*. Mettez-vous à sa place un instant. Imaginez-vous à l'avant d'un bus que vous conduisez en ville ou à la campagne. Vous vérifiez les masques des passagers ; à chaque arrêt ceux-ci montent ou descendent. Vous continuez de conduire votre bus quoi qu'il arrive. Vous savez que vos passagers sont là, installés dans votre bus. Ils peuvent être sympathiques ou antipathiques, bruyants ou calmes, souriants ou moroses mais vous ne lâchez pas votre volant. Vous êtes parfois retardé(e) par une voiture mal garée, une livraison ou un embouteillage. Vos objectifs à court terme sont menacés. Vous risquez d'être retardé(e) mais vos valeurs restent protégées. Quoi qu'il se passe dans le bus, quel que soit le retard accumulé, vous restez le maître à bord. Le bus peut être bondé ou vide, en avance ou en retard, plein de rires ou de gens énervés, vous ne changerez rien à votre conduite. Vous gardez le cap sans vous laisser impressionner par les encombrements à l'avant ni par ceux qui se pressent à l'arrière. Le bus donne une leçon de relation apaisée au temps. Quand on commence à considérer ses objectifs à court terme comme les aléas d'un trajet de bus, on se sent plus léger. On accepte l'idée que l'on ne contrôle pas tout.

Pas plus que le chauffeur de bus n'agit sur le trafic et ses passagers. La tâche principale est de continuer à avancer. C'est quand on est le plus concentré sur sa conduite que l'on ressent un maximum de tranquillité.

Le secret est de se détacher de l'objectif à court terme pour se consacrer au futur éloigné.

En pratique ?

Vous pouvez distinguer ce qui relève des valeurs et des objectifs dans vos activités et vos projets. Les objectifs vous mettent de la pression et vous imposent une réussite dans un futur proche. Les valeurs vous inscrivent dans la durée. Vous pouvez aussi faire la liste de vos objectifs et de vos valeurs.

Enfin, pour relativiser l'impact d'un traumatisme ancien ou récent, notez, en face de chaque objectif mis à mal par l'épidémie, la valeur que vous identifiez et recherchez.

DE L'OPTIMISME BÉAT À L'OPTIMISME RÉALISTE

Souvenez-vous du temps, pas si lointain, où l'optimisme était une valeur universelle. On n'était jamais assez optimiste. Qu'un candidat à l'élection américaine déclare « *Yes we can* » et le monde chavirait. Les cyniques, les moroses, les pessimistes ont depuis peu repris du crédit. Dès que vous commencez à débattre, à discuter, à envisager ce que pourra être le futur, on vous écoute à condition que vous soyez plus pessimiste qu'optimiste. Parlez de persistance de pandémie, de revanche de la nature, de guerres, de la planète, du climat, et on vous prendra au sérieux. Affichez un semblant d'optimisme et vous passez pour un irresponsable ou pour quelqu'un de mal informé.

À présent, on reproche aux optimistes leur imprudence, leur manque de compréhension de la situation qui relève au mieux de l'incompétence, au pis du mensonge. Les spécialistes en épidémiologie ou en maladies infectieuses avaient été largement interrogés depuis janvier et février 2020 sur la pandémie. Ils ont fini de ruiner la confiance que l'on pouvait avoir dans les avis optimistes. Leurs prédictions rassurantes à tort, contredites par l'évolution font encore le bonheur des réseaux sociaux. Depuis que les optimistes ont eu tort, le pessimisme est devenu une opinion acceptée et acceptable.

Malgré les erreurs des optimistes, les évidences médicales n'ont pas changé. On est en meilleure santé quand on est optimiste plutôt que pessimiste. Le nouveau défi de la psychologie du futur est de déterminer la dose maximale d'optimisme que l'on peut prescrire ou conseiller dans un contexte aussi incertain. L'optimisme béat ou généralisé n'est plus défendable. Un nouvel optimisme doit s'exercer avec plus de méfiance, de réalisme, de manière moins systématique.

L'Anti-Cassandre moderne

Dans la mythologie grecque, Cassandre avait reçu d'Apollon le don de prédire l'avenir. Mais pour la punir de l'avoir délaissé, le même Apollon a décidé que personne ne la croirait. Cassandre voyait donc les catastrophes de l'avenir et les annonçait dans l'indifférence générale. Cassandre a vu que le cheval de Troie offert à la ville causerait sa perte. Elle a vu en arrivant à Mycènes qu'Agamemnon allait être poignardé par sa femme. Ses prédictions n'intéressaient personne.

Aujourd'hui, la situation s'est inversée. Les annonces positives n'intéressent plus. Tout le monde en doute, et les Cassandre sont immédiatement promues experts ou spécialistes.

Choisir l'optimisme malgré ses limites

Même si la situation générale n'incite pas à l'optimisme, je continue d'encourager celles et ceux qui me consultent à se construire une vision positive du futur. Je ne nie pas les dangers qui les menacent mais la balance médicale penche du côté de l'optimisme. Ce nouvel optimisme offensif ou de principe ne nie pas les dangers. Il est porté par la certitude qu'en les abordant avec espoir on se protège plus efficacement. Il doit s'exprimer sans naïveté et accepter aussi les limites et les dangers d'une vision trop candide ou angélique de l'avenir. Qui peut oublier la terrible histoire juive datant de la Seconde Guerre mondiale sur l'optimisme ? « Les juifs pessimistes étaient à New York. Les optimistes étaient à Auschwitz. »

Dans un tout autre registre, une recherche en psychologie du travail confirme les limites de l'optimisme en situation de danger. L'étude a porté sur les ouvriers et artistes d'une miroiterie qui découpent toute la journée du verre sur mesure pour des fenêtres et des vitraux. Ils doivent adopter des procédures de sécurité précises et contraignantes pour ne pas se blesser. Si l'on met en parallèle le degré d'optimisme et la fréquence des accidents, il apparaît que les coupeurs de verre les plus optimistes ont plus d'accidents. Les plus optimistes ne pensent pas être concernés par les consignes de protection. Ils ne portent pas systématiquement leurs gants et ils utilisent les machines comme bon leur semble. Ils ont trop confiance en leur talent de coupeur de verre ou en leur bonne étoile. Le fait qu'ils n'aient jamais eu d'accident les conforte dans un optimisme imprudent jusqu'au jour où l'inévitable finit par leur tomber dessus. À une table de casino, vous n'avez pas non plus intérêt à être trop optimiste. Les joueurs qui ont trop confiance en leur capacité à prédire le futur risquent surtout de terminer ruinés. Enfin, chez les entrepreneurs, un excès d'optimisme peut également être dangereux. Il faut suffisamment d'optimisme dans les affaires pour vous engager mais pas trop pour ne pas vous aventurer dans des projets trop risqués.

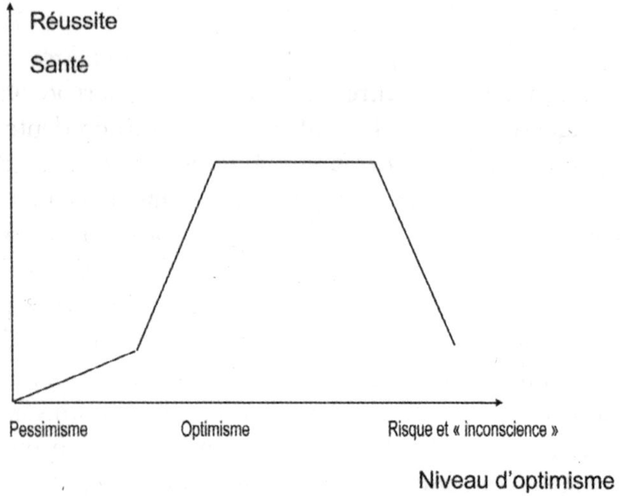

L'optimisme est parfois pris en défaut et peut conduire à des erreurs. Pourtant, malgré tous les risques à être optimiste, malgré le scandale que peut représenter une position optimiste contredite par l'actualité, celles et ceux qui ont une vision positive du futur finissent par avoir raison. Ils sont en meilleure forme, ont plus d'amis et vivent de manière plus agréable. Qu'ils semblent naïfs ou hors sol, les explications et exercices qui renforcent l'optimisme sont plus utiles que jamais. Si vous ne sombrez pas dans l'imprudence, vous avez tout intérêt à les appliquer.

En quoi l'optimisme est-il déterminant pour réussir sa vie et se préparer un futur agréable ?

Les recherches les plus récentes comparent le parcours de vie des pessimistes et des optimistes. Ces études n'ont pas intégré l'impact de l'épidémie mais il est probable que leurs résultats ne seront pas remis en question. Dans toutes les épreuves précédentes qu'ont eu à subir des pays ou des individus, les optimistes ont exprimé plus de capacité de résistance et de renaissance. L'optimisme va rester un trait de personnalité protecteur. Les optimistes s'attendent à vivre des expériences plus agréables que les pessimistes. Au nom du principe de la prophétie autoréalisatrice, ce à quoi on s'attend a plus de chance de se produire que ce à quoi on ne s'attend pas. L'optimisme prépare au meilleur, et il n'est pas rare que cette préparation soit suivie d'effets dans la vie réelle.

Quand on regarde d'un peu plus près la manière dont les optimistes abordent leur futur professionnel et familial, on s'aperçoit qu'ils mettent en œuvre, consciemment ou pas, des qualités de résistance redoutablement efficaces :

Les optimistes sont plus persistants dans leurs efforts, au travail ou même dans leur vie personnelle. Un échec ne les arrête pas et ils poursuivent leur but même s'ils le voient s'éloigner.

Les optimistes vont plus souvent au bout de leurs études que les pessimistes et ils ont de meilleures notes à leurs examens… À condition quand même qu'un excès d'insouciance ne les pousse pas à ne réviser qu'une moitié du programme et à se fier uniquement à leur chance ou à leur bonne étoile !

Les étudiants les plus optimistes sont souvent mieux rémunérés une fois diplômés. Ils ont autant de capacités au départ mais ils sont plus accrocheurs et plus motivés par leurs études et la suite de leur carrière.

Les optimistes ont plus de facilité à poursuivre plusieurs objectifs de front. S'ils échouent à atteindre l'un d'eux, il leur en reste d'autres. Ils pêchent avec plusieurs cannes à pêche et attrapent plus de poissons.

Les optimistes hiérarchisent mieux leurs objectifs. Ils savent faire la différence entre des objectifs prioritaires pour lesquels ils s'investissent à fond et des objectifs accessoires qu'ils abandonneront s'ils ne les satisfont pas ou leur prennent trop de temps.

L'optimisme rend sensible au contexte et à la réussite. L'optimiste s'adapte mieux et plus vite. Quand une activité prospère ou fait du bien, l'optimiste la poursuit. Sitôt qu'elle procure des émotions négatives ou des regrets, l'optimiste y renonce plus facilement que le pessimiste. Pour le dire autrement, l'optimiste insiste moins quand lutter lui paraît inutile. En attaquant les moulins à vent, Don Quichotte agit en pessimiste. « Je me battrai jusqu'au bout même en vain » n'est pas une phrase d'optimiste. Une personne optimiste ne combattra pas un ennemi ou une situation qui le dépasse s'il s'aperçoit que son combat est perdu d'avance.

Mieux vaut un regard optimiste que catastrophiste sur le futur pour élargir son cercle d'amis et d'amours.

Il n'y a pas qu'au travail que l'optimisme est un facteur de renaissance. Dans la vie intime aussi l'optimisme protège les amours, les amitiés et la famille. Depuis peu, on a démontré avec des protocoles expérimentaux validés qu'il est plus agréable de partager la vie d'un ou d'une optimiste. Les recherches en psychologie du couple expliquent comment les optimistes protègent leur vie intime et leurs proches. Il existe un cercle vertueux de l'optimisme et de la sociabilité. L'optimisme rend sociable et les amis et les passions rendent optimiste. C'est aussi vrai en temps de post-pandémie. Vous pouvez, en cultivant vos relations amicales et amoureuses, vos passions et vos échanges sociaux, préparer votre futur et accélérer la renaissance.

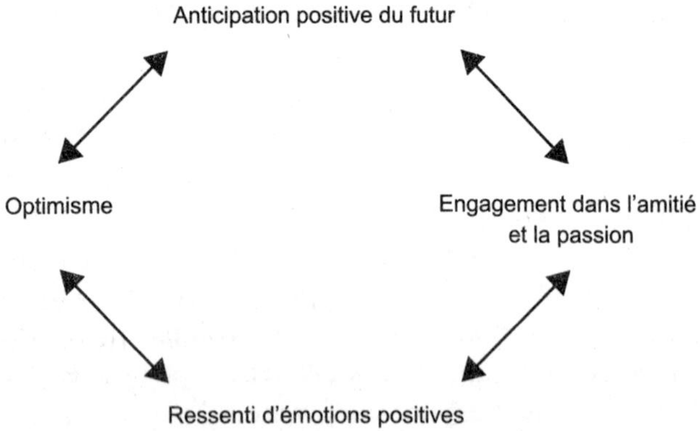

Les amours et les amitiés des optimistes résistent mieux au temps. Vous vous en doutiez déjà : il faut une bonne dose d'optimisme pour s'engager dans une histoire amoureuse et pour s'imaginer qu'elle va durer. En cas de dispute, les optimistes cherchent plus à résoudre les conflits ou les problèmes. Ils mettent en place des solutions plutôt que des fuites ou des séparations. Les analyses de l'impact de l'optimisme sur le couple vont toutes dans le même sens. Les mariages optimistes sont plus heureux et durent plus longtemps que les unions où l'on ne partage que des motifs de pessimisme. En temps d'épidémie, les unions qui cultivent, outre des moments de plaisir, des pensées ou projections optimistes, se protègent mieux que l'association de deux défaitismes. Il n'est ni sain ni productif de limiter ses échanges de couple à un commentaire des dommages actuels et futurs, certains ou hypothétiques.

Que ce soit dans leur vie conjugale ou avec leurs amis, les optimistes se sentent plus soutenus et écoutés que les pessimistes. Sans doute le sont-ils davantage de manière objective. On se presse plus autour de celle ou celui qui sourit. Le sourire et le rayonnement d'émotions positives exercent une attraction indiscutable. Non seulement les optimistes ont davantage d'amis et de relations mais ils remarquent plus les interactions dont ils sont l'objet. Ils notent avec plaisir la moindre attention qu'on leur exprime et ils prennent un geste ou sourire comme un cadeau de la vie et un présent de ceux qui partagent leur vie. Quand ils se retrouvent seuls, pour une heure ou après une séparation, leur optimisme les aide à sortir de leur bulle ou de chez eux. Ils cherchent et trouvent de nouveaux amis, de nouvelles amours, ou de simples connaissances. Enfin quand ils sont vraiment seuls, comme en temps de confinement, ils s'adaptent mieux que les pessimistes. Il est facile de repérer dès le premier contact celles et ceux qui ont choisi l'optimisme ou qui le sont par nature. Si une femme ou un homme vous aborde de manière chaleureuse, communicante et plutôt extravertie, vous avez le plus souvent affaire à un(e) optimiste. Rappelez-vous la phrase de Georges Bernanos :

« L'optimiste est un imbécile heureux. Le pessimiste, un imbécile malheureux. »

Une étude statistique rigoureuse vient de démontrer que le nombre de conflits et de disputes dans une journée et dans un mois est significativement plus bas chez les plus optimistes. Je ne crois pas que l'on puisse lire cette liste impressionnante des bienfaits de l'optimisme sans en tirer des conséquences pour son propre comportement. La supériorité de l'optimisme incite vraiment à rechercher cette relation au futur et à privilégier pensées ou informations qui vont dans ce sens. Elle pousse aussi à mettre à distance les idées et réflexions qui ne font qu'alimenter le pessimisme. Ouvrez un quotidien ou allumez un écran, vous trouverez tout ce dont vous avez besoin pour renforcer votre pessimisme. La proposition du philosophe Alain est toujours d'actualité : « Le pessimisme est de nature. L'optimisme est de combat. »

L'optimisme fait du bien à votre santé en temps de crise

Il baisse le stress et les hormones du stress, le cortisol et l'adrénaline.
Il réduit le risque de maladies cardio-vasculaires.
Il diminue les marqueurs biologiques de l'inflammation.
Il encourage à mettre en pratique les gestes barrière et les mesures de prévention.
Il incite à demander de l'aide en cas de symptômes.
Il améliore le sommeil.
Il diminue le risque de tabagisme.

EXERCICES DE RENAISSANCE OPTIMISTE

Il n'est jamais simple de changer sa personnalité. L'optimisme ou le pessimisme sont des traits de caractère, et non des maladies que l'on modifie avec un protocole de soin. J'en fais l'expérience auprès de mes patients, même dans les périodes les plus calmes. Honnêtement, je n'ai jamais transformé du tout au tout un pessimiste en optimiste. La tâche est encore plus difficile quand tout encourage à l'inquiétude sur le futur. Le chemin que parcourent celles et ceux qui s'engagent dans une psychothérapie est de remettre en cause autant que possible leurs fausses croyances ou cognitions les plus gênantes. Lorsque nous travaillons en thérapie la sortie du pessimisme, la manière de penser que l'on essaie de corriger ensemble est la pensée absolutiste. Au nom de cette pensée en tout ou rien, on est soit totalement en sécurité absolue, soit totalement en danger. Le futur est soit dégagé soit bloqué. Sitôt que l'on est capable de douter, on met aussi en doute ses prévisions pessimistes et l'on peut entendre les signaux faibles qui incitent à l'espoir ou à l'optimisme.

Un programme d'optimisme en trois étapes

Une psychiatre de Boston, Laura Duke, a mis en place une intervention très simple d'augmentation de l'optimisme. Selon elle, il faut s'astreindre, chaque semaine pendant deux mois, à ces trois activités durant au moins trente minutes chacune :

1. Écrire une lettre de gratitude à quelqu'un.
2. Chercher un de ses points forts, une de ses qualités principales et s'en servir d'une manière dont on ne s'est jamais servi auparavant.
3. Programmer une activité agréable, riche de sens, pourvoyeuse d'émotions positives, et la réaliser seul(e) ou en groupe.

L'effet de ce programme d'optimisme est étonnant sur la santé du corps et sur le sentiment de bien-être. En deux mois, il change la relation au futur et oriente vraiment vers l'optimisme. 64 % des participants ont ressenti plus d'émotions positives, plus d'optimisme, plus de confiance dans le futur et se sont sentis en meilleure santé de corps et d'esprit. Ils ont eu davantage envie de pratiquer une activité physique et de manger plus sainement. Ils sont aussi devenus plus résistants à l'incertitude du futur.

1. La ***lettre de gratitude*** est le premier exercice créateur d'optimisme. En remerciant sur ce que l'on a reçu, on éclaire sa vision du futur. L'exercice de la lettre de gratitude se pratique en trois temps.

Premier temps : Vous cherchez le ou la destinataire idéal(e). Est-ce la personne qui partage votre vie ? Un parent ? Un enfant ? Un(e) ami(e) ? Ce temps consacré au choix fait déjà du bien. Vous allez être surpris(e) par le nombre de destinataires possibles. Votre hésitation vous rappelle que vous avez dans vos relations plusieurs personnes à qui vous pouvez exprimer de la gratitude. Ce passage en revue de toutes celles et tous ceux à qui l'on doit quelque chose renforce l'impression d'être soutenu socialement, amicalement ou amoureusement. Celles et ceux qui ne trouvent vraiment personne peuvent choisir un destinataire désincarné. La palette du choix s'élargit encore entre des personnages historiques, des figures de l'actualité ou même des entités plus générales ou abstraites comme le destin ou la nature. Vous allez devoir renouveler votre inspiration pour trouver des destinataires différents chaque semaine pendant deux mois. Vous pouvez aussi envoyer chaque semaine une lettre différente à votre grand amour ou votre meilleur(e) ami(e).

Deuxième temps : Vous cherchez trois motifs de gratitude. Là encore, vous avez le choix entre une parole, un geste, une présence, un conseil, un moment partagé. Vous identifiez des séquences qui vous ont touché et qui ont encore chez vous une résonance émotionnelle. Est-ce que vous vous souvenez de vos lettres au père Noël, si vous n'en avez jamais écrit ? Là, je vous invite à une lettre d'après Noël. Vous aviez reçu des cadeaux qui vous ont fait plaisir, que vous avez envie de garder. Prenez un instant pour en remercier ceux qui vous les ont offerts.

Troisième temps : Vous écrivez votre lettre pour de vrai, pas seulement dans votre tête. Prenez une plume ou un ordinateur et décidez si vous garderez la lettre ou l'enverrez. Une équipe de thérapeutes familiaux avait proposé aux couples voulant éclairer leur futur de s'écrire une lettre de gratitude, à la plume, de leur plus belle écriture, sur le plus beau papier qu'ils trouvaient. Il fallait ensuite, telle une lettre des temps anciens, la rouler et l'entourer d'un ruban rouge, ou la sceller à la cire. Elle pouvait être offerte à l'occasion d'un dîner ou d'un moment que l'on choisissait de partager. Une simple lettre de gratitude a transformé la manière dont les couples envisageaient leur avenir.

Pour votre renaissance personnelle, vous pouvez également garder la lettre de gratitude sans l'envoyer à celle ou celui qui la mérite. Vous avez exprimé vos motifs de gratitude et d'optimisme. Vous les avez rendus visibles. L'essentiel du travail psychologique est accompli. Une dernière précaution pour cette lettre de gratitude est la confidentialité. Elle ne peut être montrée qu'à celui ou celle que vous remerciez. Vous risquez de fâcher vos amours ou vos amis si vous leur communiquez ce que d'autres vous ont apporté. Enfin, la lettre de gratitude ne doit jamais devenir publique. Elle n'est pas une information que l'on partage par exemple sur les réseaux sociaux.

Ma première lettre de gratitude

Après beaucoup d'hésitation et avec un peu de timidité, mon (ma) cher (chère), je m'autorise à te dire trois cadeaux que tu m'as faits, trois attentions que tu m'as témoignées, qui ont changé ma vie et me font encore plaisir. Je t'offre ce petit mot et ces trois preuves de gratitude, gratuitement, sans attente de réponse ni de réciprocité.

–

–

–

Les deux autres exercices promus par l'équipe de Boston sont plus solitaires.

2. ***Identifiez une de vos qualités fondatrices*** en retenant quelques critères :

- Elle vous a été utile, et elle le sera encore dans un futur proche.
- Vous trouvez facilement un exemple de ce que cette qualité vous a apporté même dans les moments récents.
- Vous trouvez en quoi cette qualité, que vous possédez et que l'on ne vous enlèvera pas, vous conforte dans une position optimiste ou de renaissance.

Il vous sera peut-être difficile de trouver une nouvelle qualité chaque semaine pendant deux mois. Pour que l'exercice ne soit pas artificiel et ne vous conduise pas à choisir des traits de caractère auxquels vous attachez peu d'importance, vous pouvez vous concentrer sur un ou deux de vos points forts. Chaque semaine vous en trouvez de nouveaux exemples dans votre vie familiale, amicale ou professionnelle. Cet exercice va vous faire passer d'un optimisme un peu théorique, « Je m'attends a priori à un futur de renaissance », à un optimisme incarné et précis, « Grâce aux qualités que je reconnais en moi, j'ai des idées sur la manière dont mon futur et ma renaissance s'organisent ».

3. Pour terminer le programme de Boston, ***faites l'inventaire des activités agréables*** réalisées dans la « vraie vie ». Prévoyez-en au moins une par semaine qui vous fait plaisir et qui a du sens.

Exercer son optimisme en apprenant à anticiper du positif malgré l'actualité imprévisible

David Hallford pratique et enseigne la psychologie à l'Université Deakin en Australie. Il a formalisé une autre technique d'optimisme et de vision du futur, dont les résultats ont été publiés juste avant la pandémie. Ils sont plus que jamais adaptés à notre renaissance. Pour envisager le futur de manière positive, trois qualités sont nécessaires ; elles peuvent s'exercer en :

- anticipant, visualisant et vivant le futur dont vous avez envie et qui vous ferait plaisir s'il arrivait ;

– trouvant du plaisir alors que la source de plaisir à venir n'est pas encore présente ;
– préparant son plaisir futur par des plaisirs quotidiens.

Un bon exemple de plaisir anticipatoire est celui qui précède un achat. Vous commencez à éprouver du plaisir avant même d'être entré dans le magasin. Si les publicitaires, les commerciaux et les commerçants ont bien travaillé, votre plaisir anticipatoire est même supérieur au plaisir que vous obtiendrez une fois déballé l'objet de vos rêves. Selon David Hallford, peu importe que vous soyez déçu ou non par votre acquisition, vous avez de toute manière gagné une expérience d'anticipation positive qui vous a fait du bien.

Vous pouvez aussi exercer votre pouvoir d'anticipation sur une soirée ou une rencontre familiale, amoureuse, amicale. Vous avez certainement usé et abusé de vos capacités d'anticipation en imaginant tous les échanges sociaux que vous reprendriez dès la fin du confinement. Et peut-être, sans vous l'avouer, avez-vous été un peu déçu par ces échanges redevenus possibles et par cette réalité nouvelle, moins exaltante que prévu. Une fois encore, vous n'avez rien à regretter car vous avez au moins connu un plaisir anticipatoire qui est un vrai plaisir.

Les femmes et les hommes tristes ou déprimés souffrent de ce que la psychiatrie appelle l'anhédonie – ils perdent la capacité à éprouver du plaisir. Mais avant l'atteinte du plaisir présent, indice d'une maladie installée, on voit apparaître une perte de l'anticipation. Je mesure en consultation ces deux indices essentiels de la santé de l'esprit et du corps : la possibilité de ressentir des émotions positives et la capacité à se préparer aux émotions futures en commençant à éprouver par anticipation des sensations agréables. Il existe un cercle vertueux et un cercle vicieux. Plus vous anticipez d'émotions agréables et vous recherchez dans la vie réelle des motifs de plaisir, plus vous en éprouvez. L'inverse est vrai aussi.

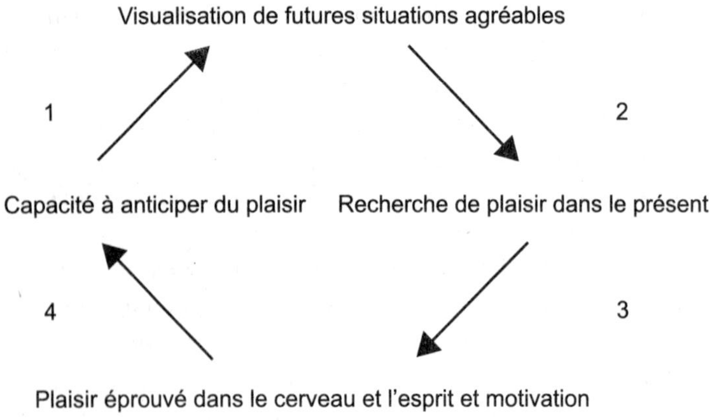

David Hallford nous donne quelques astuces pour anticiper ses plaisirs futurs.

Il faut *mettre en scène et en images des scènes réalistes, détaillées et accessibles*. Vous construisez moins d'optimisme et de renaissance en imaginant un prince charmant ou une princesse dans un château de mythologie qu'une rencontre avec une personne réelle, connue, qui acceptera de passer un moment simple avec vous. Les personnes les plus pessimistes savent rêver d'un futur idéal impossible mais arrivent moins bien à se représenter un futur accessible avec un voisin ou un ami proche. On peut anticiper ce qui va arriver dans son salon ou sa cuisine ! J'incite celles et ceux qui veulent entraîner leur optimisme à s'inspirer des techniques des réalisateurs de cinéma. Préparez le futur comme on prépare un plateau de tournage en vous posant les questions le plus précises possible :

- Dans quel endroit mon futur agréable va-t-il avoir lieu ?
- À quelle date et même à quelle heure ?
- Avec quelles personnes ?
- Pendant combien de temps ?
- Dans quelle lumière et quelle atmosphère générale ?
- Quel rôle vais-je personnellement jouer ?

Tout ce qui rend la scène palpable et concrète permet de l'anticiper et de ressentir du plaisir par anticipation.

Rêveries tristes du futur	**Anticipations optimistes**
Concernent des personnes idéales idéalisées ou inconnues	Concernent des personnes de mon quotidien, souvent rencontrées, disponibles
Entretiennent l'idée d'un projet impossible à réaliser	Préparent un projet réaliste
Placées dans des lieux inconnus	Localisées dans des lieux familiers
Abstraites et impersonnelles : « On »	Personnelles, visibles et détaillées : « Je »
La réalisation n'a pas de date	Peut être programmée à une date précise
Réalisables dans seulement plusieurs années	Possibles dans la semaine ou le mois

David Hallford a confirmé la *différence entre les anticipations tristes et gaies.* Les anticipations décourageantes sont impersonnelles. On ne les formule pas à la première personne. Elles sont portées par des mots et des grands principes et non des images. Elles sont décourageantes, pessimistes ou chargées d'angoisse.

La bonne nouvelle est qu'on peut entraîner notre capacité à anticiper de manière optimiste. Il est possible de passer d'une vision floue, triste et impossible du futur à des images plus précises, plus personnelles, réalistes, réalisables à court terme. Ainsi, nous pourrions orienter notre énergie consacrée au futur sur des scènes et expériences agréables, personnalisées et possibles.

Visualiser un futur proche, possible et agréable pendant quinze minutes chaque jour

Ne croyez pas l'exercice naïf. Il fait du bien au corps et à l'esprit. Il peut même produire des effets originaux ou artistiques. Les optimistes sont, comme les poètes ou les créateurs, des producteurs d'images. Ce que l'écrivain Julien Gracq dit, dans « Les yeux bien ouverts », des poètes voyants et raconteurs de leurs visions s'applique bien à l'optimisme.

> « Je ne suis pas sûr que les poètes – et les optimistes [c'est moi qui l'ajoute] – aient vu, ce qui s'appelle réellement voir, des choses si extraordinaires. Ce qui compte chez eux, c'est la faculté de sauter plus légèrement, plus librement d'une image à l'autre, de les éveiller l'une par l'autre selon un code secret, des lois de correspondance assez cachées. Si vous voulez, c'est un certain art de la fugue, plutôt qu'une aptitude à percevoir des images inconnues. »

MESUREZ À QUEL POINT IL VOUS EST UTILE OU URGENT D'ENTRAÎNER VOTRE OPTIMISME RAISONNABLE

	Pessimisme	**Optimisme raisonnable**	**Optimisme insouciant**
Annonce d'un risque objectif	Je ne pourrai pas y échapper. Je suis le plus exposé.	Je dispose de moyens de me protéger.	Je ne risque rien.
Proposition d'une mesure utile pour la santé	Tout est joué d'avance. Elle ne sert à rien.	Je mets en pratique une technique validée.	Je n'applique pas cette consigne. Je n'en ai pas besoin.
Vigilance par rapport à ma situation financière	C'est inutile, je cours de toute façon à la ruine.	J'adapte mes dépenses à mes revenus	Je dépense le plus possible. Je vais bien rebondir un jour après avoir touché le fond.
Rencontre d'une nouvelle personne	Je préfère ne rien dire, je vais être encore déçu(e).	Je ne refuse aucune occasion de rencontre intéressante.	Je raconte tout ce qui me passe par la tête dès le premier contact. Je suis sûr d'être brillant et passionnant.

FAITES LA DIFFÉRENCE ENTRE UN PESSIMISME CONSTITUTIONNEL ET UN PESSIMISME DÉPRESSIF

Pessimisme constitutionnel	**Pessimisme dépressif**
État durable indépendant des événements	Apparu brutalement
J'ai des envies et je pense ne pas pouvoir les satisfaire	Je n'ai plus envie de rien
J'éprouve un plaisir certain à raconter mes projections catastrophiques	Parler me fatigue
Je me présente aux autres comme une ou un pessimiste	Le regard des autres ne compte plus pour moi

Le pessimisme constitutionnel est un trait de personnalité, une forme de pensée que l'on adoucit avec quelques expériences pour changer sa vision du futur. Vous pouvez en trouver dans le chapitre que vous venez de lire. Ce pessimisme est renforcé par la crise. On sait qu'il diminue quand les éléments extérieurs l'alimentent moins. Le pessimisme de la dépression incite à rechercher les autres signes de la dépression et à demander un avis au moindre doute.

LE GÉRONDIF

Prendre le temps de déguster le charme de l'instant présent

Le gérondif est un temps qui n'existe pas dans toutes les langues. En français, il est constitué d'une forme verbale terminée par *-ant* et précédée de la préposition *en.* Il sert à décrire les circonstances d'une action ou d'une émotion. Les questions posées au gérondif sont particulièrement révélatrices de vos états d'âme passés et actuels. C'est un équivalent grammatical de ce que le psychanalyste et ami de Sigmund Freud, Sándor Ferenczi, appelait « la phrase magique de la thérapie ». Sándor Ferenczi, enfant terrible de la psychanalyse, souvent exclu puis réhabilité, conseillait de sortir des idées générales et émotions désincarnées en posant une seule question en deux mots : « Par exemple ? »

— Je me fais des reproches depuis quelques mois.

— Par exemple ?

— Je m'imagine le pire.

— Par exemple ?

— J'ai des souvenirs inquiétants.

— Par exemple ?

…

Dès que l'on commence à donner des exemples, de ce que l'on fait ou pas, de ce que l'on ressent ou redoute, on entre dans le réel et donc dans une position plus rassurante que la généralisation triste. Il existe une vraie tranquillité du gérondif qui passe des soucis abstraits aux moyens concrets de les dépasser.

SE CONNAÎTRE PAR LE GÉRONDIF

Il y a deux manières d'utiliser le gérondif pour se connaître ou connaître quelqu'un. La première est de poser des questions qui appellent des réponses au gérondif uniquement. Je m'en sers souvent pour aider à sortir du flou celles et ceux qui éprouvent un malaise ou une inquiétude diffuse.

Vous pouvez vous-même faire l'exercice en listant une à une les six émotions de base. Commencez par la plus agréable.

J'éprouve de la joie :

En…

Les premiers exemples qui vous viennent sont les bons. Les trois gérondifs que vous choisissez sans réfléchir identifient vos vrais motifs de joie, ceux qui vous viennent le plus facilement à l'esprit et sans doute aussi ceux que vous rencontrez le plus souvent.

Vous pouvez poursuivre l'expérience avec les cinq autres émotions : colère, peur, tristesse, dégoût, surprise. Pour chacune de ces expériences, vous aurez à votre disposition trois autres gérondifs. Ainsi, vous construisez un portrait chinois de ce qui déclenche ici et maintenant vos principales émotions. Vous allez être surpris par vos réponses. En comparant la facilité avec laquelle vous trouvez des exemples, vous recevez une autre information. Vous découvrez quelles émotions vous sont les plus familières, celles pour lesquelles vous convoquez le plus grand nombre de gérondifs. Vous saurez aussi l'émotion qui vous intimide ou vous est étrangère, qui vous laisse de marbre et ne vous inspire pas.

Ne vous inquiétez pas si les émotions négatives font naître dans votre esprit plus de gérondifs que les émotions positives. Une enquête allemande récente confirme que les gérondifs négatifs sont plus naturels que les positifs.

Des chercheurs allemands ont demandé à des volontaires de trouver des gérondifs agréables en relation avec leur voisin. « Il me fait plaisir ou m'amuse en… » Puis ils leur ont demandé de trouver des gérondifs désagréables sur le même voisin. « Il me gêne ou m'importune en… » Le résultat est terrible. Tous les volontaires allemands qui avaient des voisins ont débordé d'imagination pour trouver des gérondifs de reproche. Ils produisaient plus de verbes et plus rapidement. Quand ils devaient chercher des gérondifs positifs, ils manquaient sacrément d'imagination. Les verbes se trouvaient plus lentement et avec plus d'effort.

Avec le gérondif, vous allez découvrir une autre règle de psychologie particulièrement en phase avec notre époque tumultueuse. Les émotions négatives prennent plus d'importance dans l'esprit que les émotions positives, souvent moins remarquées. Les gens heureux n'ont pas d'histoire, dit la sagesse populaire. Les esprits heureux n'en ont pas non plus et ils racontent moins ce qui les occupe que les esprits inquiets ou tristes.

LE CHANGEMENT DE GÉRONDIF : S'ADAPTER ET SE RÉADAPTER AU TÉLÉTRAVAIL.

La crise récente de la pandémie a imposé un changement des habitudes sociales, des rencontres et du travail. Pendant plusieurs mois le télétravail est devenu la norme imposée par les contraintes sanitaires. Vous comme moi avons dû passer des journées entières seul(e) ou presque face à un ordinateur. Les effets toxiques de ce télétravail de crise sont apparus. Ils sont encore présents aujourd'hui chez certaines et chez certains : perte des relations sociales vraies, prise de poids, fatigue paradoxale par inactivité, perte de repère entre la vie privée et le temps où l'on travaille, désorganisation des alternances repos-travail et veille-sommeil.

L'évolution de la pandémie a permis un retour à un gérondif professionnel nouveau, fait d'alternances entre travail présentiel et télétravail. Ce nouvel équilibre sollicite les capacités d'adaptation. L'une des meilleures manières de supporter le retour à un gérondif alternant entre télétravail et travail présentiel est de privilégier des valeurs à long terme par rapport aux objectifs à court terme. Ce qui change, ce qui ne bouge pas, ce sont les raisons pour lesquelles nous travaillons, notre vocation, les relations humaines tissées avec les collègues. Ce qui évolue au gré des contraintes sanitaires et des autres crises, ce sont les objectifs professionnels à court terme. Un exercice personnel dans lequel vous faites la différence entre les objectifs et les valeurs vous aidera à traverser ces changements imposés.

LES TROIS GÉRONDIFS PROTECTEURS DES PSYCHOLOGUES DU KING'S COLLEGE

L'autre façon de renaître par le gérondif est de se constituer son petit stock de bons gérondifs, d'actions ou de pensées dont on sait qu'elles nous font du bien. Les psychiatres et psychologues du King's College de Londres ont identifié *trois gérondifs salvateurs*, des idées simples qui protègent le corps et l'esprit en temps de crise. Ils ont passé en revue les gérondifs dont les effets ont déjà été prouvés après d'autres épidémies ou d'autres catastrophes naturelles. Ils ont cherché la manière dont avaient résisté celles et ceux qui avaient connu des tremblements de terre, des éruptions volcaniques, de grands incendies et des ouragans. Ils ont mis de côté les gérondifs trop difficiles à réaliser pour se concentrer sur ceux qui sont accessibles à chacune et chacun d'entre nous. Leur liste vient de paraître dans la très sérieuse revue *The Lancet*. Elle constitue un kit d'actions de survie, validé par toute la rigueur d'une université britannique. Je m'en sers personnellement et le propose de plus en plus souvent.

Amusement et actions anti-ennui

L'ennui accable encore plus quand l'époque est inquiétante. Aussitôt que l'on s'ennuie, on se sent plus seul et le temps passe plus lentement. Les menaces réelles ou potentielles prennent plus d'importance. Tout ce qui nous distrait, ici et maintenant, contribue à la renaissance, à la résilience. C'est sans doute le moment d'être un peu moins ambitieux dans ses loisirs et activités pour cultiver ce qui amuse, détend et fait oublier. En souriant, en m'amusant… À vous de continuer la liste.

Équilibre entre refus de savoir et consommation permanente d'informations

L'annonce des menaces est aussi inquiétante que les menaces elles-mêmes. Les psychiatres du King's College recommandent aux autorités de santé de délivrer une information claire, non envahissante et de ne pas se réfugier dans des concepts ou mots techniques incompréhensibles. Chacun de nous doit aussi construire son propre gérondif de l'information, qui trouve un juste milieu entre refus de savoir et obsession des nouvelles, des analyses et des images. Ceux qui parviennent à cet équilibre augmentent leur résistance tout en prenant connaissance des messages sanitaires indispensables.

Communication et altruisme

Un homme seul ou une femme seule sont toujours en mauvaise compagnie. Ils sont moins protégés de leurs émotions négatives et des réactions de panique. Tout ce qui maintient du lien par le téléphone et les ressources en ligne contribue à la renaissance, à la résistance. Le fait d'être tourné vers l'autre est une manière de se protéger soi-même. Les psychiatres du King's College se sont aperçus que l'altruisme est le trait de caractère le plus utile. L'altruisme est, si j'ose dire, une forme d'égoïsme. Chaque fois que vous prenez soin d'une autre personne, que vous lui témoignez de l'intérêt ou de l'affection, vous vous faites du bien à vous-même en même temps. Se mobiliser pour les plus fragiles et les plus vulnérables se révèle à la fois nécessaire et personnellement protecteur. « En communiquant, en aidant, en prenant soin… » Vous allez trouver beaucoup d'exemples de gérondifs altruistes.

Le changement de gérondif du télétravail
La crise récente a imposé un changement des habitudes sociales…
Le gérondif à la maison et l'exode rural

Les études sur le marché immobilier le révèlent encore mieux que la psychologie. Au sortir de la crise, un appartement redevient un lieu de vie. Le luxe du quartier ou de l'immeuble compte moins que les gérondifs permis par l'espace. Une maison avec un jardin est un luxe au sens où elle permet des activités qu'un studio, même avec une belle adresse, n'autorise pas. Les marchands de biens s'étonnent eux-mêmes de l'intérêt suscité par des propriétés qui paraissaient invendables parce que trop éloignées ou mal aménagées. La psychologie post-pandémie valorise davantage le gérondif : que puis-je faire dans mon espace de vie ? Même des travaux nécessaires deviennent attrayants, comme une promesse d'activités dans lesquelles on s'immergera complètement. Et que dire du privilège d'une piscine ou d'une terrasse ensoleillée ouvertes à des gérondifs de plaisir ?

EXERCICES DE GÉRONDIF VIDE

L'une des caractéristiques des périodes de crise est que notre esprit ressemble à un hall de gare. Il est traversé d'inquiétudes réelles ou inutiles. Des urgences, retards, idées qui ne trouvent pas leur chemin et d'autres qui attendent on ne sait trop quoi se bousculent dans notre tête. Vous entendez vos pensées crier, râler, se presser. La réponse au syndrome du hall de gare est une suite d'exercices qui vise à obtenir un gérondif vide : « En ne pensant plus à rien. » Vider son esprit ne se décrète pas, on s'y entraîne. Essayez de vider une gare aux heures de pointe. Vous n'y arriverez pas. C'est pareil pour votre mental. Si vous visez le gérondif vide trop naïvement, vous allez voir arriver en trombe toutes les pensées que vous avez essayé d'éviter. Il suffit que l'on vous demande de ne pas penser à une fleur ou à des ours blancs pour que vous ne parveniez plus à penser à autre chose. Notre esprit a le sens de la contradiction et le génie pour contourner les consignes qu'on lui donne. Il se rebelle contre les conseils, les injonctions, les ordres. On ne vide pas son esprit par un simple effort de volonté. Mieux vaut agir par ruse et par petits pas vers le gérondif vide.

Commencez par vous trouver un endroit tranquille où vous ne serez ni dérangé(e) ni interrompu(e) dans votre recherche du vide.

Cherchez ensuite un siège confortable et fixez-vous un temps pour avancer vers le vide : dix minutes pour commencer puis quinze à trente minutes quand vous serez plus entraîné(e).

Ce moment est sacré. C'est une oasis juste pour vous. Les téléphones ne sonnent plus et les visiteurs envahissants restent à la porte.

Le *premier exercice* consiste à d'abord vider vos poumons avant de vider vos pensées. Vous allez remarquer comment une respiration rapide ou lente, superficielle ou profonde change votre niveau de tension et chasse les pensées de pandémie ou toute autre inquiétude ou extrême vigilance.

N'en faites pas plus pour une première expérience de gérondif vide. Attendez le jour suivant.

Le *deuxième exercice* vous rapproche d'une expérience de relaxation voire d'hypnose.

Vous allez bloquer votre regard, sur un détail calme de votre environnement : un tableau, une photo ou un objet. Vous pouvez aussi regarder une partie de votre main, un doigt, un ongle.

En quelques minutes, en observant tranquillement votre main ou votre tableau, votre esprit se vide.

Le *troisième exercice* est un peu plus long mais pas plus difficile. Il commence par la respiration et le regard :

Imaginez un lieu qui vous plaît.

En même temps, toujours au nom du gérondif vide, détendez vos muscles en commençant par les pieds puis en remontant vers le cou.

Votre espace de tranquillité peut être un paysage qui vous plaît avec ses images, ses bruits, ses odeurs, la sensation du vent sur votre front ou vos cheveux.

Vous pouvez également partir d'une couleur. Vous la visualisez et elle absorbe vos pensées et vos idées négatives.

La musique donne au gérondif une dimension supplémentaire. Les musiques répétitives et tranquilles sont les plus favorables, des *Gymnopédies* d'Erik Satie aux solos de Keith Jarrett. Je viens de découvrir et je partage avec vous un site plein des trésors de la BBC proposant des images sonores qui aident à s'évader.

Vos premières incursions vers un gérondif vide risquent d'être stressantes, inutiles ou désagréables. Mais le vide de l'esprit est un état qui apparaît peu à peu. D'exercice en exercice, en commençant toujours par la respiration, vous allez rendre votre scène préférée – celle où vous trouvez refuge – de plus en plus en plus présente et de plus en plus agréable. Les spécialistes de la relaxation suggèrent, quand des pensées parasites vous dérangent, de les glisser symboliquement derrière l'image que vous vous êtes construite.

Ces premiers jeux extraordinairement relaxants ne sont qu'une initiation au gérondif vide. Vous allez apprivoiser l'impression d'esprit vide, y trouver du plaisir et découvrir vous-même ce qui vide le mieux votre esprit : la musique, la détente des muscles, l'imagination. À vous de choisir ce qui vous convient :

- Silence et musique.
- Détente de tous les muscles ou d'un seul.
- Détente symétrique des deux côtés du corps ou d'un seul.
- Respiration rapide ou lente.
- Sensation de chaud ou de frais.

Dès la première semaine, vous aurez pris l'habitude de glisser rapidement et plus profondément vers un état de gérondif vide. La détente que vous produisez pendant quelques minutes va contaminer toute votre journée, même les moments où vous êtes hyperactif ou inattentif. Vous vous êtes construit un vaisseau spatial grâce auquel vous pouvez voyager, vous extraire du poids du présent ou du passé.

Les trésors de la BBC pour un gérondif vide en voyageant sans quitter sa chambre

Les intitulés des bruits captés par la BBC et mis en ligne suffisent à faire rêver :
Une forêt équatoriale dans l'après-midi.
La même forêt dans la nuit.
Un restaurant vaste et animé de Londres.
Un restaurant équivalent à Paris.

Un champ de courses.
Un bruit de moteur d'avion, de bateau ou de voiture de course ou toutes les formes de voilier.
Les vagues et les oiseaux au petit matin.
Bon voyage !
http://bbcsfx.acropolis.org.uk

OSEZ LE GÉRONDIF LENT

L'idée du gérondif lent est née en Italie, dans le Piémont, dans les années 1980 avec la *Slow Food*. L'initiative est venue d'un journaliste italien, Carlo Petrini, qui s'élevait contre la *fast food* et la « malbouffe ». Carlo Petrini et ses adeptes ont promu un repas gérondif et lent, conscient et tranquille – l'inverse de ce que nous subissons quand nous avalons à la va-vite un repas sans nous en rendre compte. Les recherches sur la biologie de l'alimentation donnent raison aux pratiquants du *gérondif lent à table*. Les repas conscients et plus lents rassasient plus longtemps et donnent plus de plaisir. Ils s'opposent à la boulimie qui remplit plus qu'elle ne nourrit. Ils corrigent aussi les calories toxiques ingérées machinalement avant un repas, qui déséquilibrent la balance calorique.

Le repas gérondif lent et roboratif s'oppose aussi au *syndrome de la cacahuète*. Dans un cas, vous prenez conscience du goût, des odeurs, des textures. Devant des cacahuètes ou autres apéritifs, vous perdez le contrôle et la conscience. Le bol est terminé avant que vous n'ayez eu conscience d'avoir commencé à manger. Vous pouvez vous entraîner au gérondif lent avec un simple *minuteur*. Calculez le temps que vous prend habituellement un des repas de votre journée. Entraînez-vous le lendemain à le déguster en deux fois plus de temps. Vous allez en mesurer les effets sur votre esprit et sur votre corps.

Les militants du gérondif lent ne se sont pas limités aux repas. Une communauté de parents américains a mis en place le « *slow parenting* » pour que leurs enfants profitent d'un gérondif lent à l'école et dans leurs activités extrascolaires. Vous pouvez aussi essayer le gérondif lent au travail *(slow business)*, en vacances (*slow tourism*) et dans le couple (*slow sex*). Vous pourrez vous prendre pour Albert Camus en vous disant : « Tout pays où je ne m'ennuie pas est un pays qui ne m'apprend rien. »

La *slow life attitude* nous a été récemment imposée. Il ne faudrait pas que l'ennui subi quelques mois nous incite à revenir en arrière. La peur de la lenteur pourrait conduire à un remplissage permanent et rapide de notre estomac et de notre esprit. Pourquoi ne pas poursuivre le chemin inverse avec la *slow life* et le gérondif lent maintenant qu'il n'est plus obligatoire ? La lenteur et le vide s'entraînent aussi sérieusement que vous avez travaillé votre rapidité et votre productivité. Prenez des rendez-vous plus prolongés et autorisez-vous le temps du silence comme celui de l'écoute.

Le stade ultime du gérondif lent est *la tolérance de l'ennui*. Après ces longs mois passés à sauter ou zapper d'une courte vidéo à un titre d'actualité accrocheur, vous acceptez un peu d'ennui. Mieux, vous y trouvez du plaisir. Imaginez le nombre de nouveaux livres que vous allez pouvoir aborder si vous tolérez quelques pages de gérondifs vides ou un tunnel. Les livres les plus nourrissants, les plus exaltants ont tous en eux une part de gérondif vide. Rappelez-vous certains de vos plus grands plaisirs de lecture. Ils ont été zébrés de moments de vide, d'ennui, de gérondif lent. Rappelez-vous aussi comment les temps de vide ou de lenteur vous ont stimulé, fait sortir de votre zone de confort ou de votre tranquillité de lecteur.

Honnêtement, je n'ai pas toujours la patience ou le courage de pratiquer régulièrement cette expérience de l'ennui et du gérondif lent. Je me console de ma paresse intellectuelle et de mon impatience en gardant en tête, ou sur un papier, des projets de lecture ou d'autres actions que je sais impossibles mais essentiels. Ce catalogue de gérondifs lents et irréalisables est extraordinairement stimulant. Savoir que l'on a devant soi des défis intellectuels personnels ou professionnels exigeants fait du bien. C'est utile même si l'on n'est pas dupe de notre incapacité à tous les relever.

Essayez-vous au relevé des gérondifs trop lents, trop lointains ou trop exigeants :

- Les livres trop longs ou trop difficiles pour moi (ce que je crois) mais que je lirai un jour (ce que j'espère).
- Les expériences prenant trop de temps ou demandant trop d'effort que je réaliserai peut-être un jour (voyage, écriture, retraite spirituelle, nouvelle connaissance ou activité).

L'amitié, l'amour et le gérondif

La crise que nous connaissons dans la suite d'autres crises personnelles ou professionnelles nous rend plus exigeants sur ce que nous sommes en train de vivre et moins polarisés sur les grands principes. L'important est moins de connaître l'amitié ou l'amour en général que d'avoir connu et de connaître encore des gérondifs d'amour et d'amitié. Jules Renard l'a bien dit pour l'amitié : « Il n'y a pas d'amis, il n'y a que des instants d'amitié. » Le poète Pierre Reverdy a été tout aussi définitif sur l'amour : « Il n'y a pas d'amour. Il n'y a que des preuves d'amour. »

Les moments difficiles que nous avons traversés nous ont permis de mesurer, avec une tragique simplicité, de qui nous recevions des preuves d'amour et avec qui nous partagions, ou pas, des moments d'amitié. La menace extérieure nous a ramenés à l'essentiel, aux actions et sentiments gérondifs en train de se réaliser. L'intérêt pour ce gérondif est resté.

Certaines amitiés ou amours, trop théoriques, lointaines, et avec trop peu de vrais partages, en ont fait les frais. D'autres relations en sont ressorties renforcées. La liste de nos attachements et de nos engouements s'est modifiée, et la vigilance a changé d'objet. Nous voulons des preuves d'amitié, d'amour et des moments d'émotion. Cette exigence de gérondif est une forme de renaissance et de réinvestissement de ce à quoi nous tenons vraiment.

DU JULIEN GRACQ ET DU MOUVEMENT

L'écrivain français Julien Gracq nous a offert les deux plus beaux gérondifs *En lisant en écrivant*. Je m'autorise à en ajouter un autre : en bougeant. Avec ses deux gérondifs, Julien Gracq raconte et explique ce qui donne sens à sa vie, deux actions qui se nourrissent l'une l'autre : écriture et lecture. Il insiste sur l'absence de virgule entre les deux gérondifs. Pour Julien Gracq, écrire c'est « aller du moi confus et aphasique au moi informé par l'intermédiaire des mots. Rien de plus. Le public n'est admis à cet acte d'autosatisfaction qu'au titre de voyeur, et généralement contre espèces – et c'est, je le concède, dans cette affaire, le côté peu ragoûtant ». Passer par le double gérondif « lisant écrivant » du moi aphasique au moi informé est une aventure qu'a permise l'épidémie. Ce passage est aussi le germe de toute renaissance de l'esprit. Les recherches sur la santé confirment l'intuition de Julien Gracq. En temps de crise particulièrement, la lecture reste une arme majeure de protection du corps et de l'esprit. On renforce son action en écrivant, par exemple les émotions ou les images nées de ses lectures.

Le comédien Denis Podalydès a bien raconté sa renaissance par la lecture et la course-refuge vers les livres que beaucoup de nous ont tentée. « J'ai pris une décision qui a eu la rapidité réflexe d'un geste de survie : lire, relire l'œuvre absolue, immense, interminable, dont je ressortirais le jour où nous pourrions aller à nouveau comme avant. J'allais avoir ce rendez-vous avec la grandeur et rien ne pourrait m'atteindre en ce lieu-là. Des jours et des jours, planté devant chaque rayon de ma bibliothèque, j'ai ouvert et refermé quantité de volumes mais rien ne me convenait. »

Denis Podalydès a fini par entrer dans le roman de Georges Bernanos, *Sous le soleil de Satan*, comme dans une vieille demeure inquiétante en s'y sentant prodigieusement bien.

Pour conjuguer au mieux lecture et écriture, vous pouvez tenir non pas un journal de renaissance mais plutôt un bref état des lieux de vos lectures en distinguant :

- les livres lus ;
- les livres impossibles à lire ;
- les livres que vous auriez bien lus ou que vous auriez pu lire ;
- les livres que vous êtes encore en train de lire ;

– les livres que vous avez envie de faire lire à celles et ceux qui comptent pour vous.

Cette liste sera un témoignage très précis de vos humeurs et de la manière dont vous les avez négociées.

Les études les plus récentes invitent à compléter les effets du « en lisant en écrivant » par ceux du « en bougeant ». Une recherche sur *émotion et mouvement* a mesuré en continu le mouvement, avec un bracelet autour du poignet, et le niveau de bonne humeur. Les volontaires répondaient plusieurs fois par heure à des SMS leur demandant comment ils se sentaient. La bonne humeur augmente de 10 % aussitôt que l'on fait quelques minutes d'exercice physique. Sur une semaine, la durée idéale d'activité physique (marche et autres exercices) est de deux heures et demie.

Une dernière observation étonnante montre que l'activité physique compense les effets de la fuite dans le virtuel et sur le Net. Vous trouvez que vous passez trop de temps devant vos écrans ? N'essayez pas de vous restreindre, ce serait vain. Vous n'y arriveriez pas. Utilisez plutôt le gérondif protecteur « en bougeant ». Les étudiants qui pratiquent de l'activité physique ne sont pas aussi exposés que les sédentaires au stress produit par trop de temps passé en ligne ou au téléphone.

En écrivant et autres gérondifs de renaissance

En lisant, en riant, en pleurant : Un livre distrayant et un livre émouvant (parfois le même).
En tournant les pages ou en allumant sa liseuse : Un livre que l'on lit vraiment et pas seulement un livre que l'on pourrait ou devrait lire.
En étant conscient(e) de ses lectures : Une liste de ses lectures passées, en cours et prévues.
En bougeant : deux heures et demie de mouvement par semaine. Dix minutes de mouvement pour augmenter de 10 % sa bonne humeur.

Une fois le corps et l'esprit détendus, vous retrouverez quelques lignes de Julien Gracq sur la renaissance par l'expérience profonde d'une lecture. Préférez un roman qui mobilise imagination ou émotion à une réflexion trop loin de vos sensations présentes ou passées :

> « La lecture d'un roman (s'il en vaut la peine) n'est pas réanimation ou sublimation d'une expérience déjà plus ou moins vécue par le lecteur : elle est une expérience, directe et inédite, au même titre qu'une rencontre, un voyage, une maladie ou un amour. »

Y a-t-il une plus belle définition de la renaissance ?

LES TEMPS ANTI-RENAISSANCE

S'il est utile de conjuguer les temps de la renaissance, il l'est tout autant de mettre de côté voire de se débarrasser de deux temps toxiques. Le premier, le conditionnel, nous fait douter puis nous inquiéter et finit par nous pousser à adhérer à de fausses théories. Le second est l'impératif. Il s'agit moins de l'impératif que nous subissons pour des raisons sanitaires justifiées que des impératifs exagérés ou inutiles que nous nous imposons à nous-mêmes.

LE CONDITIONNEL, UN TEMPS D'INQUIÉTUDE INUTILE

Le conditionnel nous a fait du bien dans notre enfance. Nous l'avons connu comme le temps de la rêverie, du jeu, du « faire comme si ».

« Je serais… Tu serais… »

Et toutes les aventures pouvaient commencer. Nous donnions libre cours à notre imagination pour notre plus grand plaisir. Les conditionnels de l'enfance ont construit nos vocations et projets d'adultes. Notre vision du bonheur et de la réussite s'est inventée avec les conditionnels de l'enfance. Stendhal l'écrit mieux que tous les spécialistes du bien-être et du bonheur : « Le bonheur c'est de réaliser adulte un de ses rêves d'enfant. » Les enfants qui n'ont pas rêvé et n'ont pas eu de conditionnel ont bien du mal à se sentir heureux une fois devenus adultes. Ils doivent faire un double travail de production et de réalisation de leur conditionnel.

Je propose souvent en consultation ce jeu du ***conditionnel positif***. Il redonne de l'envie et ouvre des possibles. « Imaginez que vous ayez une baguette magique qui puisse exaucer trois vœux. Que demanderiez-vous ? » Après un moment de surprise ou de timidité, les envies apparaissent, et avec elles les moyens de les réaliser. Il va falloir rejouer au conditionnel et aux trois vœux après la pandémie mais en s'interdisant le « Je voudrais seulement que cette histoire n'ait jamais eu lieu ». Les conditionnels « autorisés » portent sur le futur et non sur le passé. Encore une histoire de concordance des temps.

Si le conditionnel est le temps de l'imagination et de l'enseignement, il peut aussi être toxique. Face à la menace, le conditionnel est devenu ***le temps du doute***, de l'adhésion aux théories complotistes et des fausses informations :

Que se serait-il passé si ?

Que penseriez-vous de ?

Qu'auriez-vous décidé à la place de ?

Les dérives vers une connaissance frelatée commencent par un conditionnel (pourquoi pas) et glissent doucement vers une affirmation (on ne nous dit pas tout). Le conditionnel pandémique fait douter d'une réalité pourtant évidente au départ. Il instille des soupçons et s'abîme parfois en plein délire. Face aux précautions qu'impose la pandémie, ne vous fiez pas seulement à votre intuition ou au conditionnel. Vous vous mettriez en danger, non conditionnel celui-ci.

Le conditionnel de renaissance	**Le conditionnel toxique**
Rêverie	Méfiance et refus des évidences
Imagination et création	Jalousie, impression d'être trompé
Utilisation pour produire des solutions innovantes	Impression d'être persécuté

Pour se débarrasser du conditionnel toxique, il faut ***donner sa juste place à l'intuition*** mais sans exagérer ses pouvoirs. Celles et ceux qui ne fonctionnent qu'à l'intuition, au sixième sens, sont les plus exposés au conditionnel toxique et aux fausses nouvelles. Ils accordent foi à des théories ou des interprétations aux effets invérifiables de manière objective. Ils confondent passion et raison, hypothèse et certitude.

Deux recherches toutes récentes et étonnantes pointent les limites de l'intuition. Elles n'ont rien à voir avec la pandémie mais leurs conclusions sont riches d'enseignement pour la période actuelle. La première, réalisée au Centre hospitalier de Poissy, a inclus cent femmes enceintes examinées par échographie entre 11 et 13 semaines de grossesse. Les gynécologues de la maternité de Poissy leur ont demandé de prédire le genre de leur enfant à naître. Puis ils ont confirmé ou infirmé par l'échographie les intuitions des futures mères. L'intuition maternelle sur le sexe était juste dans 48 % des cas, fausse dans 34 % des cas et 18 % des femmes enceintes ont déclaré qu'elles n'avaient aucune intuition particulière. L'intuition ne faisait pas mieux que le hasard, et – on pouvait s'en douter – l'échographie était plus pertinente que l'intuition. Même les femmes qui avaient déjà porté un enfant se trompaient. Leur intuition était même encore plus souvent prise en défaut que celles qui attendaient leur premier enfant. Celles qui avaient des idées personnelles pour prédire le genre de l'enfant à naître ne s'en tiraient pas mieux. Le changement de préférence alimentaire, la forme du ventre, les douleurs dans le dos ou les rêves n'étaient en rien prédictifs. Le conditionnel (ce serait un garçon ou une fille) est toujours dépassé par un examen objectif et validé.

Une équipe d'économistes suédois a testé le recours à l'intuition quand on doit investir son argent. Ils ont comparé le recours à l'intuition selon que l'on investit son argent personnel ou l'argent des autres. Chaque volontaire était invité à faire 45 choix pour ses propres finances et 45 choix pour celles d'une personne anonyme. Ils avaient le choix entre des options sécurisées, prévisibles et raisonnables et d'autres faisant appel au hasard et à l'intuition. Les chercheurs en ont conclu que l'on prend plus de temps et que l'on réfléchit davantage pour son propre argent que pour celui des autres. Les décisions prises pour l'argent des autres sont plutôt risquées et font plus appel à l'intuition qu'à la raison. Ils expliquent le recours à l'intuition par de la paresse intellectuelle. On réfléchit moins, on analyse moins l'ensemble des possibilités quand on n'est pas directement concerné. Le recours à l'intuition ne relève pas d'une croyance en un pouvoir magique mais d'une envie de décider plus rapidement sans trop se fatiguer ! On réfléchit plus au présent ou au futur quand on est directement concerné et on se laisse volontiers aller au conditionnel pour gagner du temps devant un choix qui nous engage moins directement.

Le conditionnel de la rumeur en ligne

Les personnes qui cèdent au conditionnel toxique ont généralement du temps pour chercher en ligne des motifs de doute, les intégrer, s'en convaincre et les diffuser. Le simple fait de passer un temps important devant l'Internet rend méfiant. On doute des informations dites officielles et l'on se construit son conditionnel personnel ou partagé avec quelques adeptes. Les réseaux sociaux remportent plus d'adhésion avec des opinions conditionnelles qu'avec des évidences médicales ou scientifiques, moins polémiques et moins exaltantes.

Dans ce ***conditionnel en ligne***, outre la construction de théories alternatives, il y a une souffrance due à la solitude : Je me construis des idées tristes et je suis triste de voir qu'elles ne sont pas partagées.

Une enquête auprès de 587 anciens combattants américains vient de confirmer l'effet déprimant de l'Internet à haute dose venant remplacer la vie sociale. Ceux qui rencontraient des amis ou de la famille plus de trois ou quatre fois par semaine étaient moins exposés à l'anxiété, à la dépression et au stress post-traumatique que ceux qui restaient seuls chez eux. L'isolement augmentait aussi le risque de consommer en excès de l'alcool, du tabac ou d'autres drogues. Les chercheurs se sont demandé si les relations via les réseaux sociaux, ou par messagerie, pouvaient compenser la solitude et l'isolement des soldats qui ne sortaient pas de chez eux. La réponse est non : elles ne font pas autant de bien à l'esprit et au corps que les échanges dans la vie réelle. Elles nourrissent tristesse et conditionnel alors que les relations en face-à-face, même si elles sont frustrantes ou épisodiques, ancrent dans le réel. Les vétérans qui ne rencontraient personne en dehors de leurs contacts en ligne n'étaient pas protégés du stress de l'isolement et des théories conditionnelles ou complotistes.

La sociabilité 2.0 n'est porteuse de renaissance que si elle est suivie de rencontres authentiques. Quand la sociabilité virtuelle devient le seul moyen de communiquer, elle masque la solitude sans lui enlever ses effets toxiques sur le corps et l'esprit. Mieux vaut trois rencontres par semaine avec une vraie femme ou un vrai homme qu'une sociabilité limitée à des échanges en ligne. Certes, nos relations partagées sur les réseaux sociaux, nos *likes* et nos connexions nous occupent mais ils n'enrichissent pas autant notre vie émotionnelle qu'un simple échange avec un voisin. Si vous saluez une personne inconnue dans la rue, vous mobilisez plus d'émotions réelles que tous les messages privés que vous pourrez envoyer à vos abonnés. L'Internet en excès expose ainsi à un double danger : nourrir des croyances conditionnelles toxiques et entretenir un sentiment de solitude masqué par une apparente activité.

Le conditionnel de la rumeur, porté par Internet est entretenu par :

- les contradictions « normales » des connaissances scientifiques qui s'élaborent ;

– les débats piège dans lesquels les plus brillants, les plus péremptoires convainquent plus par leur aplomb que par leurs arguments.

Quand Rabelais se moquait du conditionnel et de la pandémie

C'est dans un Moyen Âge fasciné par les prédictions et les prophéties que Rabelais a écrit sa *Pantagruéline Prognostication*. Il s'est moqué des conditionnels de son époque auxquels ses contemporains faisaient trop confiance. La leçon de ses prédictions est simple : le conditionnel se trompe régulièrement et l'avenir est imprévisible. Jugez plutôt. « Cette année les aveugles ne verront que bien peu, les sourds entendront assez mal, les muets ne parleront guère, les riches se porteront un peu mieux que les pauvres, et les bien-portants que les malades. » Il continue avec les effets du temps. « La vieillesse cette année sera incurable à cause du nombre d'années passées. » L'épidémie qu'il voit venir est horrible et redoutable, maligne, perverse, épouvantable et déplaisante. Elle rendra le monde stupide. « Je tremble de peur quand j'y pense, car je vous annonce que ce sera une véritable épidémie… le manque d'argent. »

L'IMPÉRATIF

Toute crise, la dernière comme d'autres que nous avons pu traverser nous fait vivre sous le régime des conseils, des interdictions, en un mot de l'impératif. Il y a des moments où, pour notre bien, on ne nous parle plus qu'à l'impératif. Ne sortez pas. Restez chez vous, lavez-vous les mains, testez-vous, isolez-vous, vaccinez-vous. C'est un *impératif indiscutable*. Tout relâchement nous condamne et condamne le pays ainsi que la planète entière. » « Soyez responsable. » Et il faut absolument l'être. Cet impératif vital nous donne une leçon sur nous-mêmes et nos capacités d'adaptation.

À présent, posez-vous quelques questions sur la pandémie et ses suites ; elles seront révélatrices de votre relation à l'impératif :

- Avez-vous supporté facilement ou difficilement un impératif aussi justifié que celui que nous avons subi ? L'avez-vous pris comme une protection ou comme une agression ?
- Avez-vous été tenté d'obéir, ou plutôt de négocier ou transgresser ?
- Comment supportez-vous les impératifs, les conseils ?

Nous avons ainsi tous estimé en direct notre rapport à la loi, à la règle et à la contrainte. Après cette épreuve, nous pouvons nous ranger entre deux extrêmes allant du refus de loi à son application la plus rigoureuse, la plus méticuleuse. Par cette mise en situation rapide et collective, nous pouvons dire si l'impératif est pour nous insupportable, tolérable ou rassurant.

Aucun homme de loi, aucune force de l'ordre n'était présente pour nous contraindre dans notre ***relation intime à l'impératif***. Les sociologues qui décrivent les réactions collectives des peuples comparent ceux qui sont réputés amateurs d'ordre et ceux qui s'en fichent. Il y a souvent de la caricature entre l'esprit du Sud et celui du Nord, et beaucoup opposent la rigueur des seconds à la désinvolture des premiers. Ces différences se retrouvent aussi entre les individus. Ce n'est pas la plus petite des leçons que nous laisse la pandémie sur la manière dont travaille notre esprit. Vous pouvez désormais savoir comment vous placer sur une échelle entre obéissance et refus d'obéir. Vous pouvez aussi situer vos proches sur la même échelle.

Quelle est votre relation à l'impératif ?

J'accepte l'impératif	⟷	Je refuse au début tout impératif
Je me conforme à la loi	⟷	Je négocie avec la loi
Je respecte la loi et la fais respecter	⟷	J'essaie de m'arranger ou de contourner

Voici deux questions pour vous révéler votre relation à la loi et à l'impératif :

Combien de temps avez-vous mis avant d'accepter l'impératif de la pandémie ? Avez-vous obéi juste au moment de la contrainte, un peu avant pour être vraiment prêt(e), ou le plus tard possible ? En d'autres termes, êtes-vous quelqu'un qui anticipe les impératifs, se tient prêt à la moindre annonce ou essaie de les retarder ?

Avez-vous milité pour ou contre l'application de l'impératif ? Êtes-vous quelqu'un qui se résout à mettre en pratique les consignes mais garde l'envie de transgresser ? Face à un impératif, devenez-vous un adepte des consignes, vérifiant que chacun les applique et se fâchant devant celles et ceux que vous ne trouvez pas assez obéissants ?

En plus des impératifs justifiés par des précautions sanitaires ou médicales, il est temps de se pencher sur les ***impératifs que nous nous imposons sans raison***, alors qu'on ne nous en demande plus autant. Le travail de renaissance de l'esprit va passer par un inventaire et une mise à distance de ces impératifs subis, que nous ne parvenons pas à interrompre. Libérer sa vie et son esprit des autocontraintes doit être un objectif permanent, et les méthodes pour essayer d'y arriver sont innombrables.

Pour commencer par quelques impératifs évidents, regardez si la pandémie n'a pas créé des habitudes ou des pensées contraignantes. Il est plus facile de se débarrasser des impératifs récents que des manies ou rituels présents depuis l'enfance.

Ces deux questions ciblées devraient vous aider à identifier vos impératifs post-pandémie :

Ai-je contracté pendant la pandémie une nouvelle dépendance, ou ai-je aggravé une dépendance ancienne ?

Les dépendances les plus fréquentes post-pandémie sont l'addiction à l'alcool, au tabac et à Internet. L'alcool est devenu pour certains une étape obligatoire de la journée avec des apéritifs partagés à distance entre amis ou parents. Ces rituels n'avaient rien d'inquiétant a priori. Il faut les regarder d'un peu plus près si vous continuez à boire seul ou dans un café le verre dont vous avez pris l'habitude pendant le confinement. Vous avez été vigilant face au risque infectieux. Vous pouvez l'être aujourd'hui pour écarter ces autres menaces et addictions dangereuses pour la santé.

Ai-je construit des idées de culpabilité, des reproches cachés qui ont force d'impératif ?

Toute contrainte impose des objectifs et des défis. Depuis le début de la pandémie, les exigences sont parfois contradictoires ou évoluent selon l'actualité. Rester chez soi et garder le contact. Continuer à travailler et se protéger. Les plus fragiles peuvent se demander s'ils ont assez aidé et participé à la lutte contre la pandémie, s'ils ont eu raison ou tort de se confiner en dehors de chez eux, s'ils ont suffisamment protégé leurs parents ou grands-parents, s'ils n'ont pas un peu négligé les amis isolés.

Toutes ces interrogations nourrissent une culpabilité légitime tant la contrainte était forte. Je n'ai aucune réponse définitive à vous suggérer pour la dépasser. Il est seulement utile de faire la différence entre la remise en cause de soi adaptée, qui fait progresser, et l'excès de reproche, qui tétanise. Les psychologues cognitivistes donnent une piste anti-culpabilité que je trouve utile. Vous identifiez ces reproches comme une voix étrangère, une voix qui vous induit en erreur. Entraînez-vous à la repérer. Vous pouvez même donner un nom à cette fausse voix et chercher la manière la plus adaptée de ne pas l'écouter ou de ne pas suivre ses impératifs. Il y a dans toute renaissance une part de libération, de remise en cause des certitudes et de révolution douce.

QUELS SONT VOS IMPÉRATIFS ?

Cherchez parmi les impératifs suivants ceux auxquels vous cédiez déjà avant la crise et ceux qui sont apparus depuis :

– Apéritifs obligatoires avec boisson contenant de l'alcool ;
– Jeux en ligne et paris en ligne ;
– Cigarettes associées à des rituels précis de la journée ;
– Temps de grignotage incontrôlé.

Évaluez maintenant pour l'alcool, le tabac, le jeu et la nourriture, à quel point vous êtes soumis à l'impératif. Ressentez-vous :

1. Une envie irrépressible du produit ou du comportement ?
2. Le besoin d'abandonner toutes vos autres activités pour céder à ce qui vous fait envie ?
3. Une perte de contrôle face à la substance ou au comportement ?
4. Un manque quand le comportement, le produit ou l'habitude ne sont pas prescrits ?
5. Une tolérance ou un émoussement par l'habitude vous poussant à augmenter les doses ou la fréquence des comportements ?
6. Une envie « folle » du produit ou du comportement ?
7. Une consommation avec des effets dommageables sur votre santé, votre travail ou votre entourage ?

Une fois que vous avez identifié le produit qui est devenu pour vous un impératif, mesurez la contrainte qu'exerce sur vous cet impératif.

Si vous répondez OUI à 5, 6 ou 7 des propositions précédentes, vous subissez une sorte de toute-puissance.

Entre 1 et 2, la contrainte est légère. Elle est intermédiaire entre 3 et 4.

Les impératifs les plus contraignants nécessitent un avis spécialisé. Les formes légères commencent à se mettre à distance seules :

– En mesurant la fréquence et l'intensité de l'impératif ;

- En remplaçant le comportement ou le produit obligatoire par d'autres habitudes ;
- En compensant pour le tabac les effets par des molécules bien supportées et sans danger comme les substituts nicotiniques (patchs ou gommes).

MES MOTIFS PERSONNELS DE RENAISSANCE

Je vous livre ici mes idées en toute subjectivité et vous suggère surtout de compléter cette liste en trouvant les vôtres.

Ces pépites contribuent à construire ce que je vous propose d'appeler votre renaissance personnelle. Vous reprenez le contrôle des temps de votre vie et vous conjuguez de nouveau vos meilleures émotions. Cette renaissance n'est pas un soin. Elle s'offre à celles et ceux qui ne sont pas malades mais ont envie de retrouver le sens et la dynamique de leur vie face à la crise passée et la suite de crise à venir. Non seulement le stress post-traumatique n'est pas une fatalité mais une renaissance post-traumatique est possible. Le nouveau départ se fonde sur de nouvelles valeurs et sur une tolérance renforcée à l'incertitude. On sort d'autant mieux d'une crise que l'on n'est pas alourdi par des principes rigides, des fausses croyances et des attentes exagérées. Vous ne donnerez pas forcément un nouveau goût à vos plats préférés – ou à votre vie – en changeant complètement de recette mais plutôt en saupoudrant quelques épices nouvelles au bon moment de la cuisson.

La revanche des rêveurs, des nostalgiques et des canailles

Nous avons appris depuis toujours à être ordonnés, prévoyants, à contrôler nos pensées et nos actes. La renaissance donne raison à bien des défauts dont nous avions essayé de nous débarrasser : notre côté canaille, notre capacité à laisser l'esprit vagabonder et à rêvasser, nos manques d'attention, notre nostalgie et notre manie de conserver les vieux objets et souvenirs inutiles. Celles et ceux d'entre nous qui ont une fêlure, un défaut, sont paradoxalement plus protégés et plus adaptables. « Bienheureux les fêlés, disait Michel Audiard, ils laisseront passer la lumière. » Cette prime à la fêlure est une véritable inversion des valeurs et une remise en cause des grands principes de l'éducation et de la santé de l'esprit.

Le monde nouveau pourrait ne plus se fonder sur de grandes valeurs mais sur des faiblesses assumées, revendiquées comme des qualités de résilience. Au temps de l'épanouissement personnel et du développement de l'esprit succédera peut-être celui de la mise en avant de ses différences, particularismes et bizarreries.

La souplesse et les capacités d'adaptation seront les qualités de base de la renaissance. Nous les avons en nous, naturellement et sans effort. Notre cerveau a des capacités d'adaptation étonnantes. Il modifie ses circuits et ses connexions au gré de chacune de nos expériences. Nos habitudes, nos comportements et nos pensées évoluent autant que nos neurones. Nous avons tous découvert l'étendue de nos facultés de changement et d'adaptation. Ce pouvoir de la souplesse et de l'agilité nous a protégés face aux premières contraintes de la pandémie. À nous d'en faire un levier de renaissance durable. Peut-on imaginer ou espérer que nous allons gagner en souplesse, en pragmatisme et en scepticisme face aux grands principes et théories régnant avant la pandémie ?

Un retour aux fondamentaux de la santé

Le danger récent, indiscutable, collectif, a redonné du sens à notre relation à la santé et au risque. Avant cette grande crise, les peurs modernes concernaient des dangers non prouvés, non validés. Je me souviens de ceux qui se demandaient si les rayonnements de leur téléphone portable n'allaient pas foudroyer leur cerveau. D'autres traquaient dans l'eau du robinet des molécules, cachées ou inconnues, toxiques pour la santé. L'intensité de la menace sanitaire nous a ramenés aux fondamentaux. Le respect de la médecine a connu une vraie renaissance. Il nous revient maintenant de rester concerné sur l'essentiel (les bases indiscutables de la santé) et de ne pas plus se prémunir des faux dangers que des vrais. Combien de temps ce retour aux grands principes de la santé durera-t-il ?

La reconnaissance des forces de l'esprit et des émotions

Jamais la question de l'esprit et des émotions n'a pris autant d'importance. Nous avons reconnu leur présence et leur importance. Les experts en efficacité brute ont dû se réduire au télétravail et ils en ont été bouleversés, stressés ou découragés. Face aux changements et aux menaces, nous avons compris que se détendre, se relaxer et diminuer son stress est devenu fondamental. J'espère que le soin accordé à notre esprit et le temps passé à méditer resteront importants quand la situation sanitaire redeviendra normale. Peut-être garderons-nous une plus grande tolérance pour ceux qui se sentent enfermés dans leur esprit, dans leurs habitudes, dans leur quotidien, même quand ils ne sont pas confinés à cause d'une pandémie. Je rêve de collectifs de travail où l'on aurait le droit de dire qu'on est triste, que l'on s'ennuie, que l'on a des doutes sans apparaître comme un faible ou un tire-au-flanc.

Le plaisir de la redécouverte des librairies

Quand les magasins ont tous fermé, nous avons remarqué ceux qui nous manquaient le plus. Étaient-ce les cafés, les magasins de vêtements, les restaurants ? J'ai bien sûr regretté tous ces lieux de convivialité mais les espaces que j'ai le plus regrettés étaient les librairies. Ce *syndrome de sevrage des librairies* a été plus partagé qu'on ne le croit. Certains ont stocké des pâtes avant la pandémie et d'autres des textes pour ne pas traverser la période sans réserves. Les ventes en ligne et les tablettes n'ont pas suffi à compenser le manque du contact avec les piles d'ouvrages et le papier. Comme pour nous consoler de la perte transitoire des librairies, nous avons été nombreux à rouvrir les livres délaissés ou préférés de nos propres bibliothèques. Chacun de nous se souviendra de ses lectures de confinement, de sa redécouverte des fondamentaux. C'est en lisant que nous préparons notre renaissance. C'est en rachetant des livres et en retrouvant nos librairies que nous nous convainquons qu'une renaissance est possible. Garderons-nous longtemps à l'esprit le pouvoir de la lecture et l'importance des livres sur la santé du corps et des émotions ?

L'art pour tous et hors les murs

Quand nous sommes en crise, l'art nous sauve. Le violoniste israélo-américain Itzhak Perlman est un modèle de l'art et de la renaissance. Il aura subi la polio dans son enfance et la pandémie plus de cinquante ans après. Dès les premiers signes d'inquiétude, il a donné des leçons de sourire, expliquant comment les artistes saluent leur public, comment les parents surestiment les capacités de leurs enfants et comment les spectateurs croient que les instruments produisent seuls des émotions.

On ne compte plus les artistes, chanteurs, musiciens classiques ou de variété qui offrent en ligne ou en présentiel des morceaux de sérénité ou de motivation. Si vous ne l'avez pas vu passer, je partage avec vous la musique que je trouve la plus forte en émotion, rêverie et renaissance. Le morceau s'appelle *Answer Me, My Love*. À écouter sans modération ! Nous survivons grâce aux messages d'Itzhak Perlman, Keith Jarrett et quelques autres. Nous continuons à renaître en retrouvant notre dose indispensable de plaisir, d'émotions et d'étonnement artistiques.

DIX EXPÉRIENCES
DE RENAISSANCE

Ces dix expériences de renaissance protègent la santé de votre corps et de votre esprit.

Je vous les propose comme une « ordonnance » préventive et curative. Pratiquez au minimum un de ces exercices tous les jours. Si le poids de la crise vous semble trop lourd, enchaînez dans une même journée deux ou trois des exercices. En en parcourant la liste, vous allez vous sentir plus en phase avec certaines expériences qu'avec d'autres. Fiez-vous à votre intuition. Commencez par les plus simples. Vous aurez sans doute ensuite envie de tenter toute la liste.

1. Jouez au scénariste

Rangez toute modestie et toute honte. Vous allez raconter d'une nouvelle manière la dernière crise que vous avez traversée. Changez les rôles des personnages et la tonalité des scènes. Vous ajoutez au milieu des moments les plus angoissants une scène souriante ou un moment de comédie. Vous faites durer les épisodes les moins dramatiques. Agissez en recréateur en composant des images, des dialogues et même en choisissant une musique. Alternez les plans larges et les gros plans. Par cette remise en scène de votre passé, vous contribuez à changer le regard que vous portez sur lui… et sur vous. Une fois que votre scénario positif sera stabilisé, vous pourrez vous le repasser dans les temps où le souvenir de la crise sera le plus agressif.

2. Organisez une séquence photo positive

Choisissez parmi toutes les photos à votre disposition celles qui mobilisent le plus d'émotions agréables. Commencez par les localiser. Allez-vous les retrouver dans les anciens albums de photos de famille, sur votre téléphone, en ligne ? Choisissez les souvenirs auxquels vous voulez vous reconnecter : une exposition, un voyage, une scène familiale. Le critère de choix est double :

– une scène de votre passé ;
– une scène que vous revoyez sans tristesse mais au contraire avec plaisir. Une fois la ou les photographies identifiées, libre à vous de choisir la meilleure manière de les faire vivre. Vous pouvez vous concentrer sur elles quelques minutes, les intégrer dans un album d'émotions positives, les imprimer. Vous saurez que ces photos sont disponibles pour votre renaissance.

3. Donnez une mélodie ou des paroles à votre renaissance

Choisissez votre ou vos morceaux de musique les plus porteurs de tranquillité ou de sourire.

Vous ajouterez les mélodies qui vous transfèrent de l'énergie et celles qui vous rappellent les meilleurs moments à distance des crises que vous avez connues.

4. Fabriquez votre blason

Vous vous imaginez au choix entrant à l'Académie française ou affrontant des ennemis du Moyen Âge avec votre seule épée et votre bouclier. Comment allez-vous décorer ce bouclier ? Avec quel dessin, quel nom, quelle référence et quelle valeur ? Même si vous n'avez pas l'âme guerrière, construisez-vous votre blason. Il vous rappellera ce à quoi vous tendez vraiment, les êtres et les valeurs qui vous sont les plus chers et donnent du sens à votre vie. En les choisissant, vous les mettez en avant et vous vous rappelez qu'ils existent. L'exercice avait été proposé par le psychiatre allemand Viktor Frankl, inventeur de la thérapie par réappropriation du sens de la vie ou logothérapie.

5. Auto-applaudissez-vous

Vous vous souvenez certainement du temps où les soignants étaient applaudis à la fenêtre tous les soirs. Maintenant c'est vous qui avez droit à des compliments bruyants. Donnez-les-vous vous-même. Les psychologues comportementalistes suggèrent même que vous vous parliez devant votre miroir. Vous commencez par vous dire quelque chose de gentil ou d'élogieux. N'ayez pas peur d'en rajouter. Le ridicule ne tue pas et en plus personne ne vous voit. Une fois que vous avez commencé à vous applaudir et vous féliciter gratuitement, cherchez des raisons de continuer à vous applaudir. Cette pratique pourrait devenir régulière. Chaque semaine, vous mettez en avant une de vos qualités, un talent dont vous venez de vous servir et dont vous allez pouvoir vous servir à nouveau.

6. Ajoutez une suite à « Merci à »

En temps de crise particulièrement, quand tout vous pousse aux reproches, vous avez besoin de gratitude. Naturellement, vous êtes tenté d'en vouloir à celles et ceux que vous considérez comme les déclencheurs ou les mauvais gestionnaires d'une crise. Face à cette charge d'agressivité toxique même si elle est justifiée, l'expérience de la gratitude est indispensable. Une fois que vous acceptez l'idée de dire merci, il vous reste à répondre à deux questions :

– à qui allez-vous dire merci ?
– de quoi allez-vous remercier ?

N'oubliez pas les plus proches, celles et ceux qui partagent votre vie. À eux, en toute confiance, vous pourrez même partager votre expression de gratitude.

Cet exercice anti-morosité et anti-colère est un rendez-vous incontournable au moins une fois par semaine.

7. Soyez égoïste, aidez votre voisin

Particulièrement en période de crise, l'altruisme protège. Tout ce que vous faites pour vos proches, vos voisins, vos amis, votre famille, vous fait du bien. Vous vous décentrez de vos préoccupations personnelles en augmentant l'estime de vous-même et le sens de votre vie. Choisissez à qui vous allez destiner et comment vous allez exprimer vos expériences d'altruisme.

8. Amusez-vous

Préparez sérieusement les moments où vous vous amusez. Vous pouvez vous permettre en sortie de crise d'être moins exigeant sur la qualité de vos lectures, conversations ou sorties. Faites confiance à votre ressenti de plaisir et à l'amusement que vous ressentez. Tout ce qui vous fait sourire ou rire tient du médicament. Tirez prétexte de la crise pour vous permettre les amusements les plus simples indispensables à vos émotions. Fuyez les grands débats et revendiquez le droit de rire, sourire et de ne pas toujours réfléchir aux sujets qui méritent toute notre attention.

9. Renaissez en marchant au moins six minutes par jour

L'inaction augmente le stress et les émotions négatives. Le risque de maladies du corps et de l'esprit est majoré chez celles et ceux qui sont sédentaires. Six minutes de marche rapide par jour suffisent à inverser la tendance et à vous préparer à la renaissance. Après ces six minutes de marche rapide, votre cœur voit sa fréquence s'accélérer de 10 à 20 %. Votre niveau de bien-être et d'optimisme croît de 30 %. Pratiqué dès le matin, cet exercice physique doux va vous donner envie de continuer à investir votre corps toute la journée. Les éventuels souvenirs désagréables s'éloigneront grâce à vos mouvements.

10. Testez l'« imperfectionnisme »
et l'« imprévoyance »

Plus nous nous sentons menacés, plus nous essayons de contrôler nos comportements et moins nous y arrivons. Cette inclinaison peut s'affronter chaque jour avec une petite sortie en dehors de notre périmètre de sécurité ou de maîtrise :

- sortez dans la rue avec une tenue improvisée ou pas faite pour vous ;
- déléguez une tâche importante en sachant que la personne à qui vous la confiez s'en occupera moins bien que vous.
- faites-vous un plaisir imprévu avec un aliment, un objet plutôt inutile que vous achetez, un appel à une personne que vous n'avez pas jointe depuis plus de trois mois.

RÉFÉRENCES ET BIBLIOGRAPHIE

Le passé

Thémis APOSTOLIDIS, Nicolas FIEULAINE. Validation française de l'échelle de temporalité. The Zimbardo Time Perspective Inventory (ZTPI). *Revue européenne de psychologie appliquée* 54 (2004) 207-217.

Steven L. BISTRICKY, Laura J. LONG, Betty S. LAI, Matthew W. GALLAGHER, Heather KANENBERG, *et al.* Surviving the storm : Avoidant coping, helping behavior, resilience and affective symptoms around a major hurricane-flood. *Journal of Affective Disorders* 257 (2019) 297-306.

François BUSNEL. Entretien avec Patrick Modiano. *Magazine Lire*. Mars 2010.

Albert CAMUS. *Discours de Suède* (Réception du Prix Nobel). Folio. Gallimard. 2019.

Arthur CONAN DOYLE. *Les Aventures de Sherlock Holmes*. Traduction Éric Wittersheim. Omnibus. Paris. 2015.

Jacques DERRIDA. *Le Calcul des langues*. Éditions du Seuil. Bibliothèque Jacques Derrida. Paris. 2020.

Adam FIJTMAN, Joana BÜCKER, Bryan A. STRANGE, Dayane SANTOS MARTINS, Ives CAVALCANTE PASSOS, *et al.*

Emotional memory in bipolar disorder : Impact of multiple episodes and childhood trauma. *Journal of Affective Disorders* 260 (2020) 206-213.

André GIDE, *L'Immoraliste*. Folio. Gallimard. 1972.

Héline KAYA LEFÈVRE, Christine MIRABEL-SARRON, Aurélie DOCTEUR, Virginie LECLERC, Alexandra LASZCZ, *et al.* Time perspective differences between depressed patients and non-depressed participants, and their relationships with depressive and anxiety symptoms. *Journal of Affective Disorders* 246 (2019) 320-326.

Shian-Ling KENG, Pei SHAN LOOI, Elysia LI YAN TAN, Onn-Siong YIM, Poh SAN LAI, Soo HONG CHEW, Richard P. EBSTEIN. Effects of Mindfulness-based stress reduction on psychological symptoms and telomere Length : A randomized active-controlled trial. *Behavior Therapy* (2020), https://doi.org/10.1016/j.beth.2020.01.005.

Dharani KEYAN, Richard A. BRYANT. The capacity for acute exercise to modulate emotional memories : A review of findings and mechanisms. *Neuroscience and Biobehavioral Reviews* 107 (2019) 438-449.

Eleanor MAGUIRE, Katherine WOOLLETT. Acquiring « the Knowledge » of London's Layout Drives Structural Brain Changes Current biology 6 12 2001. 10.1016/j.cub.2011.11.018.

Abraham MASLOW. *Vers une psychologie de l'être*. Éditions Fayard. 1972.

Kile M. ORTIGO, Ashley BAUER, Marylene CLOITRE. Skills Training in Affective and Interpersonal Regulation (STAIR). Narrative Therapy : Making meaning while learning skills. *Emotion in Posttraumatic Stress Disorder*

https://doi.org/10.1016/B978-0-12-816022-0.00018-1 2020. Chap. 18, p. 513-543.

Jialu QIAN, Xiaoli ZHOU, Xueshan SUN, Mengwei WU, Shiwen SUN, *et al.* Effects of expressive writing intervention for women's PTSD, depression, anxiety and stress related to pregnancy : A meta-analysis of randomized controlled trials. *Psychiatry Research* 288 (2020) 112933.

Irvin YALOM. *Thérapie existentielle*. Traduit de l'anglais par Laurence Richard. Le Livre de Poche. Paris. 2017.

Marguerite YOURCENAR. *Les Mémoires d'Hadrien*. Éditions Gallimard. Paris. 1977.

Aliza P. WINGO, Thomas S. WINGO, Wen FAN, Sharon BERGQUISTD, Álvaro ALONSO, *et al.* Purpose in life is a robust protective factor of reported cognitive decline among late middle-aged adults : The Emory Healthy Aging Study. *Journal of Affective Disorders* 263 (2020) 310-317.

Le présent

Albert CAMUS. *L'Étranger*. Folio. Gallimard. Paris. 1971.

Yufei CUI, Cong HUANG, Haruki MOMMA, Kaijun NIU, Ryoichi NAGATOMI. Daily dietary isoflavone intake in relation to lowered risk of depressive symptoms among men. *Journal of Affective Disorders* 261 (2020) 121-125.

Redzo MUJCIC, Andrew J. OSWALD. Does eating fruit and vegetables also reduce the longitudinal risk of depression and anxiety ? A commentary on « Lettuce be happy ». *Social Science & Medicine* 222 (2019) 346-348.

Edward F. PACE-SCHOTTA, Marlissa C. AMOLE, Tatjana AUE, Michela BALCONI, Lauren M. BYLSM, *et al.* Physiological feelings. *Neuroscience and Biobehavioral Reviews* 103 (2019) 267-304.

Matthew K. ROBISON, Ashley L. MILLER, Nash UNSWORTH. A multi-faceted approach to understanding individual differences in mindwandering. *Cognition* 198 (2020) 104078.

Gianluca SERAFINI, Domenico DE BERARDIS, Alessandro VALCHERA, Giovanna CANEPA, Pierre A. GEOFFROY, *et al.* Alexithymia as a possible specifier of adverse outcomes : Clinical correlates in euthymic unipolar individuals. *Journal of Affective Disorders* 263 (2020) 428-436.

Chunge SUN, Rui WANG, Zongyao LI, Dongfeng ZHANG. Dietary magnesium intake and risk of depression. *Journal of Affective Disorders* 246 (2019) 627-632.

Mengxia WU, Ning HAO. Mind Wandering. *Encyclopedia of Creativity*, 3rd edition, Volume 2. https://doi.org/10.1016/B978-0-12-809324-5.23841-8

Le futur

Charles S. CARVER, Michael F. SCHEIER. Dispositional optimism. *Trends in Cognitive Sciences*, June 2014, Vol. 18, No. 6 293, p. 293-299.

M. DUGAS, T. L NGÔ. Guide de pratique pour le diagnostic et le traitement cognitivo-comportemental du trouble d'anxiété généralisée. Document de travail et de formation.

Laura DUQUE, Lydia BROWN, Christopher M. CELANO, Brian HEALY, Jeff C. HUFFMAN. Is it better to cultivate positive affect or optimism ? Predicting improvements in medical adherence following a positive psychology intervention in patients with acute coronary syndrome. *General Hospital Psychiatry* 61 (2019) 125-129.

Julien GRACQ. *Préférences*. Éditions José Corti. Paris. 1961.

David J. HALLFORD, Tom J. BARRY, D.W. AUSTIN, Fillip RAES, Keisuke TAKANO, B. KLEIN. Impairments in episodic future thinking for positive events and anticipatory pleasure in major depression. *Journal of Affective Disorders* 260 (2020) 536-543.

Dianne M. HEZEL, S. Evelyn STEWART, Bradley C. RIEMANN, Richard J. McNALLY. Standard of proof and intolerance of uncertainty in obsessive-compulsive disorder and social anxiety disorder. *Journal of Behavior Therapy and Experimental Psychiatry* 64 (2019) 36-44.

Mary E. OGLESBY, Norman B. SCHMIDT. The Role of Threat Level and Intolerance of Uncertainty (IU) in Anxiety : An Experimental Test of IU Theory. *Behavior Therapy* 48 (2017) 427-434.

Marvin ZUCKERMAN. *Psychobiology of personality*. Cambridge University Press. Cambridge. 2012.

Le gérondif

Samantha K. BROOKS, Rebecca K. WEBSTER, Louise E. SMITH, Lisa WOODLAND, Simon WESSELY, *et al.* The psychological impact of quarantine and how to reduce it : rapid review of the evidence. *The Lancet* 2020 ; 395: 912-20.

Dianne CURRIER, Remy LINDNER, Matthew J. SPITTAL, Stefan CVETKOVSKI, Jane PIRKIS, *et al.* Physical activity and depression in men : Increased activity duration and intensity associated with lower likelihood of current depression. *Journal of Affective Disorders* 260 (2020) 426-431.

Julien GRACQ. *En lisant en écrivant*. Éditions José Corti. Paris. 1980.

Laura HOLLANDS, Jeffrey LAMBERT, Lisa PRICE, Daniel POWELL, Colin GREAVES. Ecological momentary assessment of mood and physical activity in people with depression. *Journal of Affective Disorders* 271 (2020) 293-299.

Denis PODALYDÈS. *Le Monde des Livres*, vendredi 15 mai 2020.

Shuman TAO, Xiaoyan WU, Yajuan YANG, Fangbiao TAO. The moderating effect of physical activity in the relation between problematic mobile phone use and depression among university students. *Journal of Affective Disorders* 273 (2020) 167-172.

Le conditionnel

Kinga BARRAFREMA, Jan HAUSFELD. Tracing risky decisions for oneself and others : The role of intuition and deliberation. *Journal of Economic Psychology* 77 (2020) 102188.

Paul BERVEILLER, Anne ROUSSEAU, Adele DAHERA, Juliette ARTAGOITA, Patrick ROZENBERG. Letter to the editor. Maternal intuition of fetal gender : Can we trust in ? À prospective study. *Journal of Psychosomatic Research* 128 (2020) 109886. https://doi.org/10.1016/j.jpsychores.2019.109886.

François RABELAIS. *Les cinq livres*. Éditions Arléa. Traduits du moyen français, présentés et annotés par Claude Pinganaud, 2020.

Alan R. TEO, Benjamin K. CHAN, Somnath SAHA, Christina NICOLAIDIS. Frequency of social contact in-person vs. on Facebook : An examination of associations with psychiatric symptoms in military veterans. *Journal of Affective Disorders* 243 (2019) 375-380.

REMERCIEMENTS

Pour leur soutien, leur exemple présent et de toujours, leurs conseils, leurs encouragements, leur confiance et surtout leur amitié.

Véronique Cardi
Clara Dupont-Monod
Sophie Perfus-Mousselon
Anne Pidoux

Isabelle Dubois

Denis Adjeje

Le doyen Gérard Friedlander
Le doyen Philippe Ruszniewski

Le professeur Jean Adès

Jean-Claude Saada

Sylvie Dauverné, pour toute sa compétence rigoureuse, souriante et patiente dans la préparation de ce texte.

Du même auteur :

La Médecine du bon sens, Lattès, 2018. *Révélez vos super-pouvoirs*, Le Livre de Poche, 2020.

Les Quatre Saisons de la bonne humeur, Lattès, 2016 ; Le Livre de Poche, 2018.

Tout déprimé est un bien portant qui s'ignore, Lattès, 2016 ; Le Livre de Poche, 2017.

Les Cinq Clés du comportement. Construire soi-même son optimisme, Le Livre de Poche, 2015. Édition originale : *Les Secrets de nos comportements*, Plon, 2011.

Réveillez vos désirs. Vos envies et vos rêves à votre portée, Le Livre de Poche, 2015. Édition originale : Plon, 2014.

Changer en mieux. Les Dix Chemins du changement positif, Le Livre de Poche, 2013. Édition originale : Plon, 2011.

Du plaisir à la dépendance. Nouvelles addictions, nouvelles thérapies, Points Seuil, 2009. Édition originale : La Martinière, 2007.

PAPIER À BASE DE
FIBRES CERTIFIÉES

Le Livre de Poche s'engage pour
l'environnement en réduisant
l'empreinte carbone de ses livres.
Celle de cet exemplaire est de :
200 g éq. CO_2
Rendez-vous sur
www.livredepoche-durable.fr

Composition réalisée par PCA

Achevé d'imprimer en décembre 2021, en France sur Presse Offset par
Maury Imprimeur – 45330 Malesherbes
N° d'impression : 259118
Dépôt légal 1re publication : janvier 2022
LIBRAIRIE GÉNÉRALE FRANÇAISE – 21, rue du Montparnasse – 75298 Paris Cedex 06

27/2600/9